U0369987

《教学勇气——漫步教师心灵》 所赢得的高度赞誉

关于教和学，帕克·帕尔默比任何人都更能使我受益匪浅。他的天赋带领我们进入了教学工作最深奥的领域，并以他足以永远改变我们的洞察力和勇气照亮了那个领域。《教学勇气》适合我们每一个人——领导者、公务员、辅导员，还有教师。该书通达而执著地让我们认识到，我们做好工作的能力源自于对"我们自己是谁"的认识。当坚定地立足于一种真实的自我意识中时，我们就获得了虽然困难但有意义的工作所需要的所有资源。我们的心灵之旅使得外部世界的旅行更有价值。我们与自身独特身份的联系也让我们与他人相联系。

——魏特里 (Wheatley, M.J.)，著《领导与新科学》，合著《更简单的方法》

帕克·帕尔默是一位体现教师一词最真意义的导师。他在一系列富有洞察力和说服力且充满激情的著作中，加深了我们对什么是教育与受教育的理解。在提升和加深我们对于教育、共同体和精神性三者之间关系的洞察力和认识方面，没有人比他做得更好。

——奥尔 (Orr, D.W.)，奥柏林学院环境研究计划主持人，著《心中的地球：关于教育、环境和人类的前景》

无论对于课堂教师和教育者还是对于我们这些承诺要拯救世界的人来说，这本书的出版都是个好消息。任何称职的实践者，任何社会变革的真正组织者，都需要优秀教师应具有的特征：集谦虚与自信于一身，对人类的奥秘怀有深深的敬意，同样热衷于冒险——这些就是帕克·帕尔默，这些就是他所带给我们的。

——摩西 (Macy, J.)，著《视世界为情人，视世界为自我》

相对于其他鼓舞过我的思想家来说，帕克·帕尔默用心写作，也更能打动人心。他的作品罕见地整合了严密与典雅、热情与精确、智慧与人性。他的书是给所有热爱教与学的人们的一份厚礼，特别是那些挣扎于痛苦中的教与学的热爱者。

书中提出的问题是普遍的，但又是个别的，从教师对于自身完整的探索到大规模的教育改革计划，都有所涉猎。这些问题是再迫切不过的了：我们怎样不断增强教与学的能力？我们怎样保持对教学的乐趣与热爱？作为教师，作为人，我们怎样成长？我们怎样满足对加强彼此间联系的渴望，我们怎样发展能够支持教与学的共同体形式？

《教学勇气》通过相互渗透的三个方面，即智力、情感和精神，来处理这些问题。全书的思想轨迹以教育观为指导对这三个方面进行解释，这是本书令人满意的地方。

——沃尔什 (Walsh，D.C.)，韦尔斯利学院院长

《教学勇气》极富灵感地表达了对教学的呼唤以及教学的痛苦与喜悦，热情洋溢，引人共鸣。它是处于任何水平的任何一位教师的必读书。如果我们能不时地倾听并且尊重这种呼吁，我们就会意识到挑战的艰巨，也会认识到我们自身充溢着创造力和天赋才能。帕克提醒我们，教学不外乎是人生中的心灵工作，是生命本身的一件乐事，既游离于学科又与学科关系密切。他向我们展示：真正的教学应如何成为一个不断联系互动的过程，成为精细而广泛地关注提升教师与学生的实践活动——包括教师心中的学生和学生心中的教师——在独立的和合作的探索热情中，在勇敢的承诺中，去观察、求知、分享、寻求归属：一句话，追求真理。

——卡巴特-津恩 (Zinn，J.)，著《无论你在何方，你都在此》，合著《每日的祝福》

（本书）生动鲜明、充满感情、令人信服地激起教师从事教育工作的真心。

——科尔斯 (Coles，R.)

跟随帕克进入到教学中未知的"自我"领域的旅行，不仅使我们从令人兴奋的新视角来体验亲临教学的喜悦，还使我们沐浴了一位伟大导师的教诲。因为他开诚布公地与读者分享他的心得，让我们进入到他令人信服地描述的这种教学中。

——埃杰顿（Edgerton, R.），教会慈善托管基金教育计划主管，美国高等教育协会前主席

献给沙伦(Sharon Palmer)

并深深怀念我的父亲

马克斯·J·帕尔默(Max J. Palmer, 1912—1994)

大夏书系
十年经典

教学勇气

漫步教师心灵

帕克·帕尔默 著／吴国珍 余巍等 译

上海著名商标市 华东师范大学出版社
ECNUP 全国百佳图书出版单位

上海市版权局著作权合同登记号　图字:09 - 2004 - 020 号

目　录

中文版序　1

中文版序（英文）　3

鸣　谢　5

导　言　源自心灵的教学　1

教导自己认识自我　1

教师的内心世界和外部景观　3

少人踏足的小径　6

第一章　教师的心灵——教学中的自身认同和自身完整　9

教学方法和技巧之背后　9

教学与真我　13

当教师失去心灵　18

启发、引领我们心灵的导师　22

铸造我们的学科　26

教师的内心　30

第二章　一种恐惧文化——教育和分离的生活　36

剖析恐惧　37

"有问题背景"的学生　41

教师内心的恐惧　48

令我们恐惧的认识方式　52

不要害怕　58

第三章　潜藏的整体——教与学的悖论　63

全面认识世界　63

当事物陷于分离　66

自我的局限和潜能　69

悖论与教学设计　76

课堂教学中的实践悖论　80

把握对立的张力　85

第四章　认知于共同体中——为伟大事物魅力所凝聚　91

共同体掠影　91

现实是群体共享的　96

重温真理　101

伟大事物的魅力　108

认知与神圣　112

第五章　教学于共同体中——以主体为中心的教育　118

第三事物　118

从微观世界教学　123

医学院里的微观教学　127

社会研究的微观教学　131

开放空间与技术手段　134

共同体:多变与障碍　138

第六章 学习于共同体中——共事切磋 144

关上门的教学 145

对话的新主题 148

对话的基本规则 153

需要领导 159

第七章 不再分离——心怀希望教学 165

停滞、绝望与希望 165

不可分离的生活 169

志同道合的共同体 174

走向公众 177

精神奖励 182

作者简介 187

人名索引 189

主题索引 193

译者后记 207

中文版序

60 年前,美国哲学家巴赞(Barzun, J.)出版了一本在当今堪称经典的书,名为《美国教师》,里边的一句话长久地萦绕在我心头:"教学并非一项不复存在的艺术,但尊重它的传统已不复存在。"

对美国人来说,这句话现在就像它在 60 年前一样真实,这既是好消息,又是坏消息。好消息是,我们有许多教师不想让教学艺术衰亡,例如,他们拒绝接受这种荒唐的观点:好的教学仅仅是信息转移,且一台电脑可以做得和一个活生生、呼吸着的人一样好。然而,坏消息是,这些好教师是在艰难甚至卑微的境况中进行着他们的工作,这种境况产生于不再尊重教师和教学艺术的美国文化。

中国智慧中有很多东西值得我们美国人学习。我个人认识到这一点,是因为我曾经与一位中国人产生了深厚友谊,他在我任教的学校呆了一年,我是那时候认识他的。虽然我们最后一次对话是在大约 25 年以前,但至今我对他那强健而富于活力的精神风貌依然记忆犹新。通过他——也通过我自己对中国历史和哲学的研究——我了解到中国文化中古老而悠久的尊师重道传统。

所以我深深地感谢吴国珍教授、杨秀玲教授和余巍博士把我的《教学勇气》译为中文。我希望它的出版会促进两国教育家之间的对话——让中国读者了解,在美国我们正在如何努力重新振兴教学、恢复对它的敬重;让美国人更多地了解那几千年来丰富人类文明的、敬重教与学的中国文化。

我们所有关心教育的人需要一起努力，来帮助人们认识到，教和学是人类所有追求中最崇高、最迫切需要的！世界的未来依赖于这样的教师和学习者——他们愿意向我们周围的世界和我们的内心世界敞开心扉，向着每一个人与生俱来的宝贵潜能，向着日常生活的潜在价值，向着我们多灾多难的世界所固有的美好未来，敞开心扉。

帕克·J·帕尔默
2004 年 5 月
于美国威斯康星州首府麦迪逊

中文版序（英文）

Sixty years ago, the American philosopher Jacques Barzun published a now-classic book titled *Teacher in America* which includes a single sentence that has haunted me for a long time: "Teaching is not a lost art, but the regard for it is a lost tradition."

For Americans, that sentence is as true today as it was sixty years ago, which is both good and bad news. The good news is that we have many teachers who refuse to let the art of teaching die—who refuse, for example, to bow down to the absurd belief that good teaching is no more than a transfer of information that can be done as well by a computer as by a living, breathing human being. But the bad news is that these good teachers do their work under difficult and even demeaning conditions, conditions bred by an American culture that has lost its regard both for teachers and for the art of teaching itself.

We Americans have much to learn from the wisdom of China. I know this personally because of a deep friendship I once had with a Chinese man whom I met during his year-long stay at a school where I was teaching. Although our last conversation was some twenty-five years ago, I still feel

the imprint of this man's strong and life-giving spirit on my mind and my heart. Through him—and through my own study of Chinese history and philosophy—I know something of the ancient and abiding respect in which Chinese culture holds both teachers and teaching.

So I am deeply grateful to Professors Wu Guozhen and Sylvia Ieong, Dr. U Ngai for translating my book, *The Courage to Teach*, into Chinese. I hope that this publication will facilitate a dialogue between educators in our two countries—allowing Chinese readers to learn something of how we in America are trying to revive both teaching and our regard for it, and allowing Americans to learn more about the Chinese culture of respect for teaching and learning that has enriched civilization for millennia.

All of us who care about education need to work together to help people understand that teaching and learning are among the most noble, and urgent, of all human pursuits. The world's future depends on teachers and learners who are willing to open both their minds and their hearts to the wonders around us and within us, to the precious possibilities inherent in every person, in everyday life, and in our suffering world.

Parker J. Palmer, Ph. D.
Madison, Wisconsin
United States of America
May, 2004

鸣　谢

在 1983 年,我出版了《以我们熟悉的方式认知——作为精神之旅的教育》。这本书为我提供了结识我国不同背景的教师并与他们一起工作的机会:学院和大学、公立学校、继续教育中心、进修中心、宗教机构,还有各种类型的"学习组织":企业、基金会、为社会变革而工作的团体。

与这些非凡的不同背景的教育者的对话激发我写了此书。《教学勇气》是这样一本书,它有两点不同于《以我们熟悉的方式认知》:它既坚持关注教学实践,又坚持集中探索通往内心生活的途径,我所见过的富有献身精神的教师的内心生活是向各种途径敞开的。我感谢那些鼓舞我沿着这一思路著述的精神伴侣。

我要特别感谢菲兹尔(Fetzer)研究所的所长罗伯特·莱曼(Lehman, R. F.)先生。我是该研究所的一名高级顾问。在该研究所的一系列计划中,他使我能够计划我的漫长的旅行从而完成这本书。本书所展示的心灵之旅中有他慷慨忠实的同伴之谊。罗伯特理解内心生活以及这种内心生活以其罕见的深度和激励力量对行为世界的影响。我深深感激他的洞察、友谊和见证。

与菲兹尔研究所的合作丰富了我的教育经验。我自己的教学最主要是在大学和成人学习计划中进行的。本书的大部分故事都来自这些领域。但在过去的五年里,我通过帮助菲兹尔研究所建立教师养成计划,即在公立学校实行一个两年一贯的教师更新进修班,了解了幼儿园到十二年级教师的生活。这项计划现在设有很多点,如伊利诺伊、马里兰、密歇根、南卡来罗那州和华盛顿州。在本书要出版的同时,菲兹尔研究所正在建立一个全国教师养成中心,来作为其他的从幼儿园到十二年级教师的研修点,最终可能建立一个教师更新计划。

从1994年到1996年,我领导了第一个教师养成小组。我很感谢密歇根公立学校的教师,他们使得实验如此成功,令人振奋。他们是亚当斯,M.,本德,J.,邦德,M.,鲍尔索克斯,L.,埃尔斯,M.,福勒,R.,哈默,L.,海沃德,E.,休斯敦,M.,肯尼迪,K.,麦克卢汉,C.,佩里,M.,鲍威尔,L.,罗斯坦密,T.,塞拉芬尼,R.,汤普森,G.和温霍尔德,M.。

我也很感谢那些正在赋予教师养成计划更广泛和持续生命力的人,他们是布朗,J.,钱伯斯,T.,格拉瑟,C.,格林斯莱德,E.,黑尔,S.,休斯敦,M.,杰克逊,M.,杰克逊,R.,奥利弗特,M.,斯克赖伯,M.,斯利特,D.和威廉森,P.。他们是我的朋友,也是计划实施过程中我的天才合作者。菲兹尔研究所的全体人员甘于奉献,辛勤工作——回复电话,写备忘录,开支票,打扫房间,清理场地,提供食物——这些都使计划能顺利进行。还有学院的董事,他们信任这项工作并且予以支持。他们是:克拉夫林,J.,菲兹尔,B.,富兰克林,W.,特威斯特,L.,沃恩,F.,维尔斯基,J.和威斯通,J.S.(名誉退休理事)。

在过去的十年里我独立地工作,尽管我不间断地教学——在研修班、教师工作坊和进修班,在各种形式的"课堂"上,但我再也不会在传统的教育环境中教同样的学生一个学期或者更长时间,就像我于教学生涯早期在乔治敦大学伯洛伊特学院和贵格派终身学习组织彭德尔山所做的一样。

1993年至1994年,我被任命为肯塔基州伯利亚学院的礼来客座教授,对此我心存感激。一年期间,我置身于学院的教学现实中,并且写了本书的初稿。我特别感谢休斯,P.,琼斯,L.,希恩,L.和已故的斯蒂芬森,J.,还有伯利亚友谊协会的成员,他们激励着我的职业成长。

我也很感谢美国高等教育协会(AAHE)的朋友们,我在那里担任高级会员。他们是埃杰顿(Edgerton, R., AAHE 前主席,现任教会慈善托管基金会教育计划理事),艾伯特(Albert, L.),哈钦斯(Hutchings, P.)和马契斯(Marchese, T.)。在十年甚至更长的时间里,他们鼓励并帮助我开展工作,使我成功地深入到书中提及的不同一般的组织中,而这单靠我自己是永远不可能实现的。

关于本书的大多数工作是在 1996 至 1997 年间完成的。在那段时间里,我有幸得到四位出色编辑的支持。他们的帮助使得本书比我自己单独写要好得多。

波斯特(Polster, S.)和富勒顿(Fullerton, S.)是 Jossey-Bass 出版社负责本书的编辑。我感谢他们在适当的时机给我以适当的支持和鼓励。

尼波(Nepo, M.)是诗人、随笔作者、教师和出色的编辑。他认真地阅读我写的每一个字,热心地对大部分内容加以评论,提出赞成和反对的意见,并且尽力唤起我的心声,而不是粗暴地将他的意见强加于我。他帮我抓住重点和呈现我自己还没有觉察的知识,对此我有说不尽的感激。

沙伦·帕尔默(Palmer, S.)目光敏锐,心地纯良。她与我同甘共苦,温柔地共享了这项计划,并使我的书文体明晰、精神完整。这本书的题词并不能充分表达我对她深深的感激。我也很感激我的父亲,他是我所认识的最优秀的男人。

帕克·J·帕尔默
1997 年 9 月
于威斯康星州麦迪逊

导　言　源自心灵的教学

1

啊，别分离，

　　亲密无间，

　　与繁星相聚在天际。

　　何为心，

　　若非与繁星聚一起？

　　与众鸟齐飞，

　　乘风，驾云，

　　齐归。①

　　　　　　——里尔克(Rilke, R.M.)②，《啊，别分离》[1]

教导自己认识自我

　　我是用心的教师。有时在教室里我忍不住欢喜。真的，当我和我的学生发现可探索的未知领域，当我们面前展现曲径通幽、柳暗花明的

----

①　此诗为杨秀玲博士翻译。
②　译者注：里尔克（Rainer Maria Rilke，1875—1926），奥地利诗人。

一幕,当我们的体验被源自心灵的生命启迪所照亮,那时,教学真是我所知的天下最美好的工作。

然而在另一些时候,教室却如此毫无生气、充满痛苦和混乱——而我却对此无能为力——此刻的所谓教师就像无处藏身的冒牌货。于是敌人无处不在——那些格格不入的学生,那些我自以为熟知的学科,还有那赖此业谋生的个人苦衷,都与我作对了。多蠢!我居然以为已经掌握了这玄妙的艺术——那比茶叶占卜①更神圣、即使只领略一二也非凡人所能及的玄妙艺术。

如果你是一位从来没有经历过痛苦时光的教师,或者有过却不以为然,此书就不适合你了。这本书适合这些教师:他们体验过快乐和痛苦的时日,而且其痛苦时日承受的煎熬仅仅源自其所爱;本书适合这些教师:他们不愿意把自己的心肠变硬,因为他们热爱学生、热爱学习、热爱教学生涯。

当你非常热爱你的工作——如许多教师那样——摆脱困境的惟一途径是深入地了解教学。面对教学中的困惑,我们须知难而进而非逃避,对其更好地理解和更得体地协调,这不仅仅是为了守护自己的灵魂,更是为了爱护学生的心灵。

教学中的困惑有三个主要原因,前两个是老生常谈,第三个原因最根本,却鲜为人重视。首先,我们教授的学科是像生命一样广泛和复杂的,因此我们有关学科的知识总是残缺不全,无论我们自己如何致力于阅读和研究,教学对控制内容的要求总是使我们难以把握。其次,我们教的学生远比生命广泛、复杂。要清晰、完整地认识他们,对他们快速作出明智的反应,需要融入鲜有人能及的弗洛伊德(Freud, S)和所罗门(Solomon)的智慧。

如果学生和学科可以解释所有教学的复杂性,我们复制世界的标准方式可能就有了——尽可能与我们的专业领域保持联系,学习足够

---

① 译者注:茶叶占卜法源自西方17世纪,当时欧洲人流行在酒楼餐厅喝茶之余,利用杯中的茶叶来顺便替自己占卜一下近期的运气,娱乐友朋。

的技术,使得自己处于引领学生精神的地位。但是还存在第三种解释教学复杂性的理由:我们教导自己认识自我。

就像任何真实的人类活动一样,教学不论好坏都发自内心世界。我把我的灵魂状态、我的学科,以及我们共同生存的方式投射到学生心灵上,我在教室里体验到的纠缠不清只不过是折射了我内心生活中的交错盘绕。从这个角度说,教学提供通达灵魂的镜子。如果我愿意直面灵魂的镜子,不回避我所看到的,我就有机会获得自我的知识——而就优秀教学而言,认识自我与认识其学生和学科是同等重要的。

事实上,认识学生和学科主要依赖于关于自我的知识。当我不了解自我时,我就不了解我的学生们是谁。我只会在我经受不了检验的生命的阴影中,透过重重的墨镜看学生——而且当我不能够清楚地了解学生时,我就不能够教好他们。当我还不了解自我时,我也不能够懂得我教的学科——不能够出神入化地在深层的、个人的意义上吃透学科。我只是在抽象的意义上,遥远地、视其为疏离于世界的概念堆砌一样看待学科,就像我远离自己的本真一样。

“认识你自己”的要求既不是自私也不是自恋。作为教师,无论我们获得哪方面有关自我的知识,都有益于更好地服务于教学和学术。优秀教师需要自我的知识,这是隐蔽在朴实见解中的奥秘。

教师的内心世界和外部景观

本书探索教师的内心生活。同时,也提出一个如何使教师的灵魂从孤独分离中走出来的问题:在教育中以及在有关教育改革的公众对话中,教师的自我内心世界怎样才能够成为正当的话题?

教与学对于我们个体和集体的生存,对于我们的生活质量是至关重要的。如果我们不拓展教与学的能力,复杂、混淆、冲突缠身的快速变化将会损耗或拖累我们。与此同时,抨击教师成了时尚。如今超负荷的要求使我们惊慌,我们需要为我们不能够解决的问题和无法忍受的过失找替罪羊。教师很容易成为被攻击的目标，因为他们是如此普通且无反击之力的群体。我们责备教师不能够医治那谁也不知道如何医治的社会弊病，我们坚持教师要即刻采纳多由官方的万能机器最近编制的任何"解决方案"，在这一过程中，我们大挫了那些有能力帮助我们寻找出路的真正的教师的锐气，甚至使他们变得束手无策，无所作为。

在匆忙的教育改革中，我们忘记了一个简单的事实：如果我们继续让称职的教师所如此依赖的意义和心灵缺失，仅仅依靠增加拨款额、重组学校结构、重新编制课程以及修改教科书，改革永远不能够成功。教师确实应该得到更多的补偿，从官僚制度的困扰中解脱出来；我们应赋予其学术管理方面的职责，为他们提供尽可能好的方法与材料。但是，如果我们不能珍惜以及激励作为优秀教学之源泉的人的心灵，提供上述所有这一切都不能改变教育。

我们现在就教育改革进行重要的大众讨论，然而只有当对话能够深入探讨问题时才是有益的。本书提出的这个教学方面的问题在我们的民众对话中还无人问津——甚至在教师教育和教学机构中也没有被质疑到。但是它却是任何承担着优秀教学任务的地方都应该询问的。因为它尊重并且激励教师的心灵，需要对之进行比传统问题更深入的探讨：

- 我们大多数人共同询问"是什么"的问题——我们应该教什么学科？

- 然后讨论更深入了一点，询问"如何做"的问题——好的教学需要什么样的方法和技巧？

- 偶尔，会再深入一步询问"为什么"的问题——我们教学是为了什么目的，要达到什么目标？

- 但是，即使有我们也很少问到"谁"的问题——教师的自我是什么样的？我的自我的品质是如何形成或缺失变形的？如何因我联系于我的学生、我的学科、我的同事以及我的整个世界的方式而形成或缺失变形的？教育制度如何能够支持和增强孕育着优秀教学的自我？

我无意批驳"是什么"、"如何做"、"为什么"的问题——除非把它们当作惟一有价值的问题。所有这些问题都给予教与学重要的洞察，但是,这些问题中没有一个揭示了我在本书要探索的领域:教学的自我内部景观。

要充分地描述内部景观图画,必须把握三种重要通道——智能的、情感的和精神的——三者无一可以忽略。把教学缩减为纯智能的,它就是冷冰冰的、抽象的;把教学缩减为纯情感的,它就成了自我陶醉;把教学缩减为纯精神的,它就丧失了现实世界之根基。智能、情感、精神依赖于相互之间的整体性,它们本来应完美地交织在人的自我中,结合在教育中,因而我在本书中也努力把它们结合起来。

凭*智能*,是指我们思考教与学的方法——人们如何获知和学习的概念、有关学生和学科本质的概念,以及这些概念的形式和内容。凭*情感*,是指在教与学时我们和学生感觉的方式——它既可以增多也可以减少我们之间的交流。凭*精神*,是指我们对于心灵和芸芸生灵密切联系之渴求的多种响应——一种对生命的爱与对工作的渴望,尤其是对教学工作的渴望。

里尔克在本书导言的开篇诗中表达了这种渴望:"啊,别分离!"他指出了精神世界对亲密联系和被友善理解的渴求,将引领着我们从隐蔽的心灵走向广袤明朗的世界:"何为心? 若非与繁星聚一起? ……乘风,驾云,齐归。"

里尔克以其感人的隐喻提供给我们一幅自我的整体图画。在那里,内部世界和外部世界天衣无缝地互动畅流,就像麦比乌斯带(Möbius Strip)[①]合二为一的永恒表面,无止境地共同创造着我们和我们居住的世界。虽然本书立足于教师的内心世界,但也不失时机地探索外部的教与学的组织形式。对心灵沟通的内在渴求成为对外部联系的需求:我们自己的心灵舒适自在, 跟人交往自然就会更加亲密无间。

当许多教师还处于为生存而挣扎的时期,我对教师内心领域的关

5

———————

①　译者注:麦比乌斯带或麦比斯圈(Möbius Strip),由德国数学家麦比乌斯(Möbius, A. F. ,1790—1868)在1858年发现。将一条环带的两个端边拉转180度后黏合,该环带会成为单侧曲面圈,两个端边合二为一为封闭曲线边缘。假如沿环带中线剪开得到的不是两个环带而是一条更扭曲的环带。该发现影响到数学的分支拓扑学的发展。

注似乎过于执著,甚至不合时宜。有时人家问我,给教师提供一些日常教学中能够用到、从而能在教室里生存下去的点子、窍门、技能不是来得更实际吗?

这个问题使我困惑,因为20年来我一直把此书中探讨的观点理念用于实践当中,指导为诸教育者开办的工作坊和进修班(retreat)。跟我共事的教师无数,他们中的许多人都证实了我个人的经验:方法固然重要,然而,无论我们做什么,最能获得实践效果的东西是,在操作中去洞悉我们内心发生的事。越熟悉我们的内心领域,我们的教学就越稳健,我们的生活就越踏实。

听说在心理治疗师的训练中介入了很多实践技术,有道是:"心理治疗师到来前,你得靠技术。"好的方法可以帮助治疗师进入患者的困境,但是只有以真实的内在生命投入到患者的真实生命中,有效的心理治疗才真正开始。

跟心理治疗师一样,直到成为真正的教师之前,教师所用的也是技术。这本书就是帮助真正的教师显露其本真。而即使内心世界的工作对个人有实际的成效,实际性的问题又会以另一形式出现:教育制度能够怎样支持教师的内在生命? 应该期望教育制度支持教师的内在生命吗?

回答这个问题值得深思熟虑。于是在第六章致力于进行这项工作。此时我要返回到这个问题上:如果学校不支持教师内心世界的生活,如何教育学生呢? 教育是引导学生迈向理解和生存于世界的更真实途径的精神之旅,如果不鼓励明察内心领域,学校怎样能够实现它们的使命呢?

少人踏足的小径

对一些人来说,我们集中关注教师似乎太过时了,因为他们相信,只有我们停止担心教师的教,代之于集中关注学生的学,教育改革才有可能成功。

我绝不质疑,教学的根本是学习的学生,而非教学的教师:学得好的学生未必就是教得好的教师最美好的成果。我也毫不质疑，学生通过各种途径、以绝妙的方式方法学习，包括有的学生另辟蹊径、越过上课的教师、既不靠上课也不靠教师，一样学得不错！

但是，我也很清楚，在演讲厅、研讨室、现场、实验室，甚至于在虚拟电子课堂这些我们大多数人接受正规教育的地方，教师是有力量创造条件使学生学到很多很多的——或者也有本事弄得学生根本学不到多少东西。教学是有意图地创造这些条件的行动，而优秀教学要求我们真正懂得意图和行动的内在源泉。

我的许多教学工作都是在学院中，在适合成年人的课程中进行的，而近年来我通过与公立学校从幼儿园到十二年级教师的共同工作获益良多，我从这些教师那里学到了很多东西，包括这样两件事情：所有年级的教师具有的共同点比我们所认为的更多，我们不应该就所谓的"更高"年级水平而炫耀。

幼儿园教师通常比这些有博士学位的人更懂得技巧，或许是因为低幼年级的儿童就像"皇帝的新衣"中的儿童，他们不关心你接受过什么样的学校教育，谁是你的论文答辩委员会主席，或者你读了多少书，但是他们能够很快地感觉到你是否名副其实，并且相应地作出反应。理解幼儿的天真无瑕增强了我们的信念：在每个教育阶段，教师的自我是关键。

"教师自身的内心世界到底是什么样的？"是本书的核心问题——虽然提供答案的挑战已经超出我的想象。在过去的五年中，我写作并多次修改此书，我明白了停留于"是什么"、"怎么办"以及"为什么"的问题上是如何有吸引力，因为在写文章和转化成重要的大纲报告时，这些问题更容易回答！

但是我执著于"谁"的问题，因为它在探究教育改革问题中显然是少人踏足的小径，一种优秀教学永远需要的重获内心世界资源的小径。真正的改革是如此强烈地需要它——但我们已经重建的教育却通常未及那遥远的理想——我们可捕捉到的任何踪迹都是应着手探索明白的。

我坚持啃这块硬骨头的另一个原因是,"教师的自我是什么样的?"也是我自己的职业生涯中的核心问题。在我们所能问询的有关教学、教师与学生的问题中,我相信这是最根本的问题。通过开放而坦诚地宣讲它,独立或合作地为其付出,我们能够更充满信念地为学生服务,提高我们自己的幸福感,与同事建立合作关系,帮助教育给世界带来更多的光明和生机。

注释

[1] Stephen Mitchell（ed.）, "Ah, Not to Be Cut Off," in *Ahead of All Parting*: *The Selected Poetry and Prose of Rainer Maria Rilke*（New York: Modern Library, 1995）, p. 191.

第一章 教师的心灵
——教学中的自身认同和自身完整

我，曾历经沧海桑田

戴着别人的面具

不断迷失，失去我自己

……

如今，我终于变回我自己！①

——萨敦(Sarton, M.)，《如今，我终于变回我自己》[1]

教学方法和技巧之背后

着手写此书前的那段日子，漫漫夏日悄然而逝，秋天已至。我登上大学讲台，开始我教学生涯的第三十个年头。

那天，我怀着感激的心情走进教室，感激又一个教书的机会，因为教学滋养着我的心灵，在我所知的任何工作中，教学对心灵最有益。但是那天晚上我下班回到家里，却再一次确信自己永远干不好教书这一行，这个令人头疼的职业。我既恼怒于某些学生，又为自己束手无策而

---

① 此诗为徐晋华初译，杨秀玲博士润饰、审校。

尴尬。我反复思考一再在脑海中浮现的问题:到了我这个年纪,是否可以改行? 也许在教学之外我还可从事一种新的行业,一种我知道怎样做好的工作?

上我的课时,一开始学生们就像修道士一样静默无声。任凭我使出浑身解数,他们就是没有反应。然后我很快就发现自己陷入了由来已久的恐惧中:我的课一定很沉闷! 这些年轻人课前还在门厅走廊生龙活虎、谈天说地,转眼间,一听我讲课就变得如此麻木不仁。

课上到后半段,他们就开始说话了。但是交流很快就发展成为冲突,只因一个学生认为另一个学关注的东西太"微不足道",根本不值一提。我掩饰着内心的恼怒,敦促他们要会倾听不同的意见。但是整个气氛已经给破坏了,对话中止了。当然,这样一来,我的老毛病又发作了,我又陷入焦虑中:学生一开口讨论,我就要笨拙地处理他们之间的冲突!

我教过成千上万的学生,参加过很多教学研讨会,观摩过其他老师的教学,阅读了不少教学著作,反思了我自己的经验,也积累了一大堆实实在在的方法。但是每逢走进一个新的班级,好像一切又都要重新开始。我遇到的问题,其他所有教师也都常常遇到,都熟悉。但这些问题仍然使我惊慌,而我对这些问题的反应,尽管随着岁月的磨炼,表面上圆滑老练了,但实际上仍感力不从心,像一个初出茅庐的新手一样摸索着。

30 年来,我努力探索教学技巧,我上的每一节课都是这样的:我的学生和我,面对面地进行一种古老精深的、被称之为教育的交流。我掌握了的教学技巧虽能应付,但是仅仅靠技巧是不够的。当与学生面对面交流时,惟一能供我立即利用的资源是:我的自身认同,我的自我的个性,还有身为人师的"我"的意识——如果我没有这种意识,我就意识不到学习者"你"的地位。

这本书基于这样一个简单的逻辑前提:**真正好的教学不能降低到技术层面,真正好的教学来自于教师的自身认同与自身完整(Identity** and integrity）。①

　　这个假设十分简单，但其含义深远。要详尽阐述我对这些词语的界定很费时，但可以这么说：在我所教的每一堂课里，我与学生建立联系、进而引导学生与学科建立联系的能力，较少依赖于我所采用的方法，而更多依赖于我了解和相信我自己、并愿意使其在教学中运用且敏于接受其影响的程度。

　　支持这一前提假设的依据，部分地来源于多年来我请学生们讲述他们好老师的故事。通过倾听那些故事，我知道声称所有的好老师都使用相同的教学技巧是不可能的：有的老师的讲解整堂不停，有的老师却惜字如金；有的老师紧循材料，有的老师却天马行空驰骋于想象；有的老师用软功，有的老师用硬功。胡萝卜还是大棒子，各行其是，各显神通。

　　然而，在我听到的每一个故事中，好老师有一共同的特质：一种把他们个人的自身认同融入工作的强烈意识。"A 博士教学的时候，就是原原本本的她站在那"，一个学生告诉我，或者"B 先生对他所教的课充满热情"，或者"你可以说这就是 C 教授的真实生活"。

　　我听一个学生说，她描绘不出好老师是什么样的，因为老师之间的差异实在太大了，各有千秋。但是她可以向我描述不好的老师都是什么样的，因为不好的老师都是一个样："他们说的话在他们面前漂浮，就像卡通书中气泡框里的话一样。"

　　她用这样一个突出的形象就说明了一切。不好的老师把自己置身于他正在教的科目之外——在此过程中，也远离了学生。而好老师则在生活中将自己、教学科目和学生联合起来。

　　好的老师具有联合能力。他们能够将自己、所教学科和他们的学

──────────

　　①　译者注：Identity 作为学术术语一般译为"身份认同"。本书把该术语译为"自身认同"，出于如下考虑。"身份"在中文中容易理解为出身、性别、职业等浅显身份，而在英文中，Identity 与"认识自我"、"不要迷失于错误的身份认同"、"要找回错失了的自我真正本质"等文化内涵密切联系在一起。Identity 作为本书的核心概念，突出的是对于教师的自我真正本质身份的认同。Identity and integrity 可以整体理解为：对自我真正本质身份的认同与自我生命的完整性。在本书简洁表述为：自身认同与自身完整。

生编织成复杂的联系网,以便学生能够学会去编织一个他们自己的世界。这些编织者用的方法不尽相同:讲授法,苏格拉底式的对话,实验室试验,协作解决问题,有创造性的小发明。好老师形成的联合不在于他们的方法,而在于他们的心灵——这里的心灵是取它古代的含义,是人类自身中整合智能、情感、精神和意志的所在。

当优秀教师把他们和学生与学科结合在一起编织生活时,那么他们的心灵就是织布机,针线在这里牵引,力在这里绷紧,线梭子在这里转动,从而生活的方方面面被精密地编织伸展。毫不奇怪,教学牵动着教师的心,打开教师的心,甚至伤了教师的心——越热爱教学的老师,可能就越伤心! 教学的勇气就在于有勇气保持心灵的开放,即使力不从心仍然能够坚持,那样,教师、学生和学科才能被编织到学习和生活所需要的共同体结构中。

教学不可局限于技术层面,这既是好消息,也是坏消息。说它是好消息,在于我们不必再为把教学当作一个"怎样做"的问题而遇到的麻烦所困扰。我们很少在一定深度上彼此交流关于教学的看法——当我们除了"技巧、策略和技能"之外没有东西可以讨论的时候,为什么我们还要这样做呢? 那种交流并不能触及教师的经验核心。

良好的教师可以努力成为优秀的教师。如果教学不可局限于技术层面,我就不用因要把我作为教师的独特天赋才干硬塞进强求一致的方法框框中而痛苦,不用遭受遵循别人开出的、强求一致的标准的痛苦。真的,当今教育中,处处感受到这种痛苦:当我们把某种认定的方法技术捧上天的时候,就使得采用不同教法的老师感到被贬低,被迫屈从于不属于他们自己的标准。

我将永远不会忘记一位教授,在我要开办教师工作坊之前,是他的一席话使我摆脱了我多年来禁锢工作坊的一种倾向:"我是一个有机化学家,你想花两天时间告诉我应该通过角色扮演的方式讲授有机化学吗?"我们必须寻求一种尊重教师和学科多样性的教学理念,而这一点是方法论上简单处理根本做不到的。

好消息当然好,但坏消息也让人头痛。对优秀教学而言,如果解决教师的自身认同和自身完整的问题是比技巧更基本的东西,如果作为教师,我们想要成长,我们就必须做一些学术文化以外的事:我们必须交流内心生活——这在惧怕触及个人,从而在技术、距离和抽象中寻找安全感的职业中,确实充满危险。

不久前我听到一场学术争论,再次感受到这种恐惧。这场学术争论是关于学生在课堂中分享个人经验时教师应该做什么的问题——这些经验与课程主题有关,但是一些教授认为,经验的分享更适用于心理治疗,而不是大学课堂。

很快人们就分成了可以预料到的两派:一派是以学科为中心的,坚持认为学科是首要的,不能为了学生的生活利益而削弱;另一派是以学生为中心的学者,他们坚持认为学生们的生活必须一直放在优先考虑的位置,纵然这意味着课堂主题内容教少了。这两派的观点不断走向极端,他们的争论越激烈,他们的对立也就越严重——他们从教学工作和对他们自己的认识中学到的东西也就越少。

两种观点之间的分歧看来是不可调和的——直到我们认识到形成这种分歧的原因是什么。从根本上说,这些教授不是就教学方法展开争论,实际上他们揭示了他们在内部的自身认同和自身完整上是何等不同,用各种方式说出来可归为一句,就是:"当谈到处理学科和学生生活之间的关系的问题时,我们既有自身的局限,也都有潜能。"

假使我们不再向彼此游说自己的教学方法,而相互讨论*我们作为教师的真我和身份到底是什么样*的问题,一件奇妙的、不寻常的事就可能发生:我们不再死守各自的教学观点而争论不休,这样,自身认同和自身完整就会在我们自身内部和我们之间成长起来。

教　学　与　真　我

好的教学来源于教师的自身认同和自身完整,这听起来有点老生常谈的味道,和另一高论类似:有好的教师,才有好的教学。

但是我说的自身认同并不是指我们卓越的特色或者伟大的行动，或者是为了掩饰自身的困惑和复杂而带上的勇敢的面具。自身认同就像与我们现有的能力和潜能有关一样，也与我们的缺点和局限有关，与我们的伤痛和恐惧有关。

我说的*自身认同*是指一种发展的联系，在这种联系中，自我生命中所有力量汇聚，进而形成神秘的自我：我的基因组成，赋予我生命的父母的性格；我成长的文化环境，有支持过我的人，也有伤害过我的人；我对别人和对我自己做过的有益的或无益的事情，爱的体验和痛苦的感受——还有很多很多。在这个复杂的领域中，自身认同是使我成其为我的内力和外力运动着的交汇，这一切的一切不断聚合在我们成其为人的永恒的奥妙中。

我所说的*自身完整*，就是说，无论怎样我都是一个整体，这种整体特点能够在朝着一定方向形成和再形成我的生活模式时的内在联系中发现。自身完整要求我识别那些能整合到我的自我个性中的东西，分辨其中哪些适合我，哪些不适合我——我选择的赋予生命活力的方式与汇聚在我内部的各种力量有关：对这些力量我是欢迎它们还是害怕它们，认同它们还是反对它们，追随它们还是拒绝它们？通过选择自身完整，我会变得更加完整，但是完整并不意味着变得完美无瑕。通过承认我原本是的那个整体，就意味着变得更加真实了。

自身认同和自身完整不是用来雕刻栩栩如生的英雄人物的花岗石，而是一个处于复杂的、不断需求的、终生自我发现的过程中的敏感领域。*自身认同*在于构成我生活的多种不同力量的汇聚，*自身完整*与这些力量的联合方式有关，使我的自身完整协调，生机勃勃，而不是七零八落，死气沉沉。

这就是我对自身认同和自身完整所下的定义——然而，无论我如何努力试图找到更准确、更精炼的界定，总是觉得是脱口而出，不能将其含义完全准确地表达出来。任何人都不可能给自身认同和自身完整找到完全准确的定义和诠释，包括那些自己本身真正拥有自身认同和自身完整的人们也不可能做到这一点。它们是伴着我们一生的、熟悉的奇妙感悟，是只能偶尔在我们视野的边缘捕捉到的、言语难以表述的真实。

故事是描述这种真实的最好方式。这里要讲一个故事,故事的主人公是两位教师。这两位教师我都认识,他们的真实生活比任何一种理论都让我体会到了自身认同和自身完整的微妙。

艾伦(Alan)和埃里克(Eric)出生于两个不同的熟练工匠之家,他们的父辈都在乡村,没有受过正规教育,但是都有手工技艺的天分。艾伦和埃里克在童年时期就表现出这种手工技艺天分。他们在成长过程中都学习了手工技艺,形成了以手工业者出身为荣的自我意识。

两个人还有另一种共同的天赋:在学业上都很优秀,都成为他们工人阶级家庭中上大学的第一人。大学期间,两个人的学习仍然很优秀,双双考上研究生,获得博士学位,又都选择了教学这条路。

但是自此两人的经历大不相同。尽管手工业者出身都成为两人自我意识的中心部分,但是艾伦能够将这种才干融入自己的学术事业中,而埃里克所经历的生活却从一开始就分离了。

18 岁时,从偏远的乡下一下子跨入著名的私立大学,埃里克心灵上经历了强烈的文化冲击,并且一直没能克服这种文化震惊。因此在同学和伙伴之中,以及后来在他认为文化背景比他"文明"的同事之中,他感到不安,缺乏自信。他学会了像知识分子学者一样说话和做事,但在内心深处,他总是感觉自己是混进了这个层次的群体中,在他眼中,他们才是天生就属于这个群体的,而自己则不是。

但是,不安全感既没有改变埃里克所选择的路,也没有引发他的自我反思。相反,他在学术领域专横霸道,以为主动出击就是对自己的最好保护。他轻易下结论而不探求;他不听别人讲话的优点,而是专挑缺点、吹毛求疵。他对任何人、任何事都挑起争论——对别人的任何反馈都以一种模糊的轻视态度作为回应。

在课堂上,埃里克总是批评别人而且非常武断,动不动就以"愚蠢的问题!"来窒息学生,不让他们提问题。他最擅长编造些怪问题,把学生带进他设的怪题的陷阱里,然后再对错误答案进行无情的嘲笑。他似乎被一种需要所驱使:学术生涯使他历经痛苦,他要把同样的伤痛

15

加诸于学生——这是对自我本身深感困扰的痛苦。

但当他回到家里坐在工作台前,沉浸在手工制作中,他又发现了真实的自己。他变得热情而受欢迎,他觉得这个世界挺美好,也乐意对人友善。他与他的根基重新相连,以他的真我为中心,能够恢复自己的平和与自信的内核——这一切,他一回到学校就会立即消失。

艾伦的情形则不同。从偏远乡下到大学的跨越并未引起文化冲击,部分原因可能在于他读的是一所接受政府赠地兴办的大学,很多学生都和他有相同的出身背景。他并没有被迫掩饰自己的出身,反而能够以此为荣,他通过把这种天赋转向学术工作而使其提升转换;并把它融入到他的学习中,后来又融入到教学和研究中,并有着和他用金属和木材从事手工技艺的前辈们一样的认同意识。

观摩艾伦的教学,你会感到你在观看一个手艺人制作手工艺品——如果你知道他的出身背景,你就会明白这种感受非一个隐喻所能言表。在艾伦的授课过程中,每一步都是通过关注细节和重视手头材料浑然而成的;他把观点联系渗透于环环相扣的精细教学中,并画龙点睛总结全堂。

然而艾伦的教学生命力远远不止于手工技艺的成就。他的学生知道,艾伦会随时慷慨地为任何一个想要师从于他这个领域的学生敞开自己,就像艾伦的自家长辈尽其所能帮助小艾伦开始他最初的手工制作一样。

艾伦的教学基于一个完整的、不分裂的自身认同——这是优秀教学核心的整合状态,也是这本书的核心概念。在完整的、不分裂的自我中,编织一张如此具有凝聚力量的网,用于把学生、学科和自我统统编织到一起,每个人生活经历的每个重要线索都得到尊重。这样一种内部整合的自我,才能够建立优秀教学所依赖的外部联系。

但埃里克没能将他的自身认同的中心特质融合到他的学术生涯中去。他处于自我分裂状态,内心一直在打内战。内心世界的冲突投射到外部世界中去,他的教学就成了战争,而不是艺术。分裂的自我总是使自己与他人隔离,甚至为了维护那脆弱的自身认同去伤害他人。

假若埃里克在就读本科的时候没有与别的学生格格不入——或者

如果这种格格不入使他能够自我反思而不是自我维护——可能他也会像艾伦一样，在教学生涯中发现自身完整，也会把自身认同的主线与工作融合到一起。但是自我的神秘性部分地表现为这一事实：一种尺度未必适合所有人，对一个人具有整合性的东西，对另一个人却缺乏整合性。贯穿埃里克的整个一生中，一直都有一些暗示——对他来说，教学生涯不是赋予生命与活力的、有前途的选择，学术生涯并非是他可以健康完整地发展真我的生态环境，也不是能够整合他的独特本性的职业。

自我并非有无限的伸缩性——它既有潜力，也有局限。如果我们所做的工作对我们缺乏整合性，那么我们自己、工作，以及与我们共事的人都会受到损害。艾伦的自我在教学工作中得到发展，他做的工作也就成了大家都乐意见到的快乐；而埃里克的自我被他遇到的学术生涯贬抑了，可能换个职业是他恢复已经失去的自身完整的惟一出路。

甘地（Gandhi, M. K.）称他的生活是"体验真理"，我们在生活所承受的复杂的力量场中体验，就是更多地了解自身完整。[2]我们通过体验学习到，有些联系使我们如沐春风雨露，茁壮成长，有些联系则适得其反。我们通过选择赋予我们生命与活力的那些联系提高我们的自身完整，而不能赋予我们生命与活力的那些联系则摧毁我们的自身完整。

体验是要冒险的。我们很少能预先知道哪些东西会赋予我们生命与活力，哪些东西会削弱我们的生命与活力。但是，如果我们想要加深对我们自身完整的认识，我们就必须体验——然后视体验结果进行选择。

"所有真实的生活在于相遇。"布贝尔（Buber, M.）说，教学就是无止境的相遇。[3]对新的相遇保持开放的心态，试着去区分自身完整的人和自身不完整的人，这是一件让人厌烦、有时甚至令人恐惧的任务。我时常试图在地位和身份的屏障之后保护自我意识，不让我的自我接近同事、学生或观念，也时常试图让自我躲开我们肯定会遇上的冲突。

当我屈从了这些诱惑，我的自身认同和自身完整就削弱了——从而，我失去了教学的心灵。

当教师失去心灵

我们中的很多人,是出于心灵的原因,再加上热衷于某些学科、乐于帮助人们学习等愿望的激励而成为教师的。但年复一年,随着教学生涯的延续,我们中的很多人失去了这种心灵的力量。我们怎样才能在教学中把我们的心灵找回,像优秀教师那样,将真心献给学生?

我们灰心、泄气,部分原因在于,教学是每天都进行的、随时让人挑毛病的工作。所以,我不需透露使人在班上感到尴尬的个人隐私。我只需要在我的学生打瞌睡或传小纸条时在黑板上分析一个句子的语法或者演示算法就行,无论我教的学科多么学术化、专业化,我教的东西是我关心的东西——我关心的东西就是我的自我。

不像很多别的职业那样,教学一直都是个人生活与公众生活危险的会合。一个优秀的临床医学家工作的方式是私人性的,从来不是公开的:临床医学家必须为患者保密,仅仅公开患者的名字都会被唾弃。一个优秀的律师在公众法庭工作,但是自己的意见不偏不倚:如果一个律师允许自己对委托人的罪责掺杂个人感情,而不努力为委托人辩护,他就背离了自己的职业道德。

但是一个优秀的教师必须站在个人与公众相遇之处,就像徒步穿行在高速公路上,处理川流不息轰鸣而过的交通车辆,在百川交会处"编织联系之网"。当我们试图把我们自己及学科与学生相联系时,我们会使得我们自己,还有学科,都容易受到漠视、评判、嘲讽的伤害。

为了减少我们易受到的伤害,我们与学科分离,与学生分离,甚至与我们自己分离。我们在内部真实和外部表现之间建立了一堵墙,我们扮演着教师的角色,我们的话语陈述脱离了我们的心灵,变成了"漫画书中气泡框中的话",我们自己成了漫画书中的人物。我们远离学生,远离学科,将暴露我们自己的危险降到最低——却忘记了距离使我们的自我被封闭,这样的生活更加危险。

这种"自我保护"性的自我与实践的分裂,受到了不信任个性真实性的学术文化的怂恿。尽管学术界声称重视多元认识途径,其实只尊重一种认识途径——一种以"脱离我们的自我"为代价,将我们带入"真实"世界的"客观"认识途径。

在这种文化中,客观的事实被认为是纯粹的,而主观感受是需要怀疑的,是有瑕疵的。在这种文化中,自我不是有待开发的资源,而是需要规避的危险;不是有待实现的潜能,而是需要克服的障碍。在这种文化中,那种脱离自我的病理学报告会被作为学术道德的典范,得到很高的赞誉和奖励。

如果认为我对学术界排斥自我的情景的描述有些过火,这里有一个几年前我在大学授课时课堂上发生的故事。

我让学生对我们将要学的课文主题作一系列的简要分析,然后相应地安排他们做一些与这些主题有关的自传体小品,以便学生能够看到课本知识与他们自身生活之间的联系。

第一节课下课后,一个学生跑过来问我:"在你让我们写的那些自传体小品中,可以用'我'这个词吗?"

我真是哭笑不得——但是我知道,对一个敞开心扉准备接受嘲讽的年轻人来说,我的反应会对他有相当大的影响。我告诉他,他不仅仅可以用"我"这个词,而且我希望他经常用,无拘无束地用。然后我问他为什么会有这样的问题。

"我学的专业是历史,"他说,"每次我在论文中用'我'这个词,成绩就会降低半个等级。"

学术界对主观的偏见不但使得我们的学生写作用语贫乏(用"普遍认为"代替"我认为"),而且使他们对自己和外部世界的认识变形了。单从一方面来说,我们把学生引入思维的歧途,蹩脚的文章可以把主观观念当成事实来写,我们使得学生疏离于他们自己的内心世界。

学校教师常常抱怨学生不重视发展洞察和理解的能力,而这正是接受教育的真正收获——他们只关心在"现实"世界中的短期利益。"我学的专业有利于我以后找工作吗?""在'现实'生活中,如何安排才受益良多呢?"

但是这些并不是我们学生心灵深处想问的问题。他们仅仅是在询 19
问别人所引导的问题,不单有为期望孩子找到好工作而付学费的父母的
引导,也有不信任和漠视内在心灵真实性价值的学术文化的误导。理所
当然地,我们的学生对教育的内化结果极其不满:我们教育他们主观自我
是没有价值的,甚至是不真实的。学生们的不满直接说明当学术文化贬
低内在真实,仅仅赞誉外部世界时,学生和教师就失去了心灵。

作为教师,为了学生、我们自己和教育改革,我们怎样才能找回失落
的心灵呢? 这个简单的问题是对很多推动教育改革前提假设的挑战——
有意义的改革变化不是来自人们内心,而是基于我们内心之外的因素,基
于教育拨款、方法论、课程以及制度重建。更进一步来说,这个问题也是
对关于推动西方文化发展的现实与力量的前提假设的挑战。

任何文化的根基都建立在该文化对"现实和力量归属何处"这一问
题的回答上。有的文化的回答是众神,有的认为是自然,还有的认为是
传统。在我们的文化中,答案很清晰:现实和力量归属于客体和事件构
成的客观外部世界,在科学领域则归属于对这个外部世界的研究,而心
灵内部因素是荒诞不经、不切实际的,是对严酷现实的一种逃避,理所
当然地不能成为影响外部"现实"世界的杠杆力量。

我们迷恋于控制外部世界的知识,因为我们相信,关于外部世界的知
识会给我们主宰现实的力量,使我们从现实限制中获得自由。我们被一
种似乎能够达到这一目标的技术所迷惑,我们抛弃了自己的内心世界。
我们把面对的每一个问题都转化为需要解决的外部客观问题——我们相
信每一个客观的问题都会有某种技术上的解答。这就解答了为什么我们
培养医生来医治我们的身体,而不尊重我们的精神;牧师成了首席执行
官,而非灵魂的指引者;教师只掌握技巧,却不关注学生的灵魂。

然而,如今,从历史的高度来看,这点应该很清楚:外部的"种种固
定措施"不足以维持那些人们关注教学的最深切热情。体制改革进度
缓慢,只要我们还在等待,就依赖"它们"为我们做这些工作——却忘记 20
了体制中也有"我们"——我们只是在推迟改革,继续慢慢陷入悲观和
怀疑,这是太多教师教学生涯的写照啊。

除了等待，我们还有另一种选择：我们可以找回对改变工作和生活的内部力量的信念。我们成为教师是因为我们一度相信内心的思想和洞察力至少和围绕我们的外部世界一样真实，一样强大有力。现在我们必须提醒我们自己，内部世界的真实性可以给予我们影响外部客观世界的力量。

哈弗尔河（Havel，V.）的故事可以证明这一点。他是一个诗人，也是实干家。天鹅绒革命①使捷克斯洛伐克从苏联的体制中解放出来，哈弗尔河就是这次革命的领导人。这场革命取得成功要面对的大量阻碍比教育改革中面临的累积问题更令人望而却步。

哈弗尔河成了捷克共和国的总统。他描述了1968年共产主义政变中，在当时处于"大山压迫"的体制下捷克人民的生活，然后他又谈到，人类意识的内部世界的种子怎样穿破和瓦解极权主义的岩石，仅用20年的时间就生长成改革的花朵："我描述的这些东西使我确信，拯救人类世界的力量不是别的，而是人们的心灵，在于人们思考的力量，在于人性的亲和与人类的责任感。如果人的意识中……没有全球性的革命，这世界就不会变得更加美好，而会不可避免地走向灾难。"[4]

哈弗尔河通过唤醒捷克人民认清自己是谁而找回他们的心灵。我们所有人都不是外部力量的奴隶，而是拥有不可剥夺的内部力量的人，尽管我们可以而且正在把这种力量闲置一旁。

记住我们自己和我们的力量可以导致革命，但仅仅回想一些事实是不够的。**记住我们是谁**，就是把我们的全部身心放回本位，恢复我们的自身认同和自身完整，重获我们生活的完整。当我们忘记了我们自己是谁的时候，我们失去的不单单是一些资料，我们**解体**了我们自己（dismember ourselves），跟着来的就是可悲的政治后果、可悲的工作后果、可悲的心灵后果。

教师们常常遭受**解体**的痛苦。表面上，这种痛苦是因为那些加入学

① 译者注：天鹅绒革命（Velvet Revolution），意即假借天鹅绒的滑顺质感，带出革命主张——和平转移政权。

术群体的人发现自己与同事和学生处于疏远、竞争和冷漠的关系。在更深层次，这种痛苦更多的是精神层面的，而不是社会学层面的：这种痛苦来源于切断了与我们自身真实的联系，切断了与我们投身教学的热情的联系，也切断了与心灵的联系，而心灵才是干好所有工作的源泉。

如果我们已经失去了教学的心灵和勇气，我们怎样才能再鼓起勇气、振作起来呢？为了我们自己，也为了那些我们服务的对象，我们怎样才能记起我们自己是谁呢？

启发、引领我们心灵的导师

如果我们是在生活集结的各种力量的交汇处找到自身认同和自身完整，重新审视那些当初引导我们走向教学的某些交汇点，就可能会找到优秀教学之本源。本节和接下来的一节，我要回顾、反思两类这样的交汇——一是与启发、引领我们心灵的导师相遇，二是与选择了我们的学科相遇。

心灵导师的力量不一定在于提供给我们好的教学模式，因为教学模式回答不了我们当教师的到底是谁这个问题。心灵导师的力量在于他们能唤醒我们内心的真谛，这是多年后通过回忆其当初对我们生活的影响，可以重新点燃的真谛。如果我们与一位伟大导师的相遇，使我们在内心发现了教师的真心，那么回忆当初相遇的情景可能有助于我们重新建立起教学的信心。

在教师工作坊中，我常常让大家通过描述一位影响过他们生活的老师来作自我介绍。听着那些故事，我们就想起很多与优秀教学有关的事实：好的教学有很多形式，好的老师教给我们的知识会淡忘，但对好的老师本身却会长久铭记。而且感谢我们的老师很重要，再迟都不怕——一方面是因为我们确实应该感谢他们，另一方面则是跟我们自己那些明显忘恩负义的学生来个大对照！

我接着问的问题用意更深，我不问："是什么使你的导师如此伟大？"而是问："你本身具备什么素质使得伟大的心灵引导得以产生？"心灵引导是一个相互的过程,不仅仅学生要遇上合适的导师,导师也要遇到合适的学生。在这种心灵相遇的过程中,不仅显示出导师的素质,引发出来的学生素质也同样发人深省。

给我印象最深的是这样一个导师,他似乎打破了优秀教学的每一 22 条"规则",他讲课是那样富有激情,讲很多内容,以至于不给学生留一点提问和评论的时间。他博学多才,很少听学生们的想法,不是他看不起学生,而是因为他那样热衷于以他所知的惟一一种方式教学生——分享他的知识和热情。他的课基本上是独角戏,而他的学生只有扮演听众的份儿。

这听起来像是教学噩梦,但那时我搞不清是由于什么原因,我被他的教学强烈地吸引了——真的,他改变了我的一生。直到几年后我才理解了我为何受到如此强烈的吸引,正是在这种理解中我发现了我对自我身份认同的某些感悟。

我是我们家第一个上大学的人。虽然我家重视教育,但并没有提供给我知识分子生活的表率,而过知识分子生活的权利是上天对我的馈赠。在整个高中期间,我一直都把这份馈赠密封在盒子里,主修课外活动,毕业时成绩在班里中等偏下。直到大学的第二个学期,我才打开了这个盒子,为盒子里的东西兴奋不已,开始提高学习成绩,在研究院继续深造,接着步入了教学生涯。

在大学里,我那位口若悬河、滔滔不绝的教授使我第一次认识到我自己在这一方面的天资。听他讲课,我兴奋不已,不在于他讲了什么——尽管他讲的内容令人陶醉——而在于他让我发现了我处于休眠状态的自身认同。我不在乎他违反了良好团体形成程序的许多规则,也不介意他没有考虑周到的人际关系规则。我所在乎的是他慷慨地把他的精神生活向我敞开,是他充分表达思想的天分。我内心的某种呼唤告诉我,我也有这种天分,尽管许多年后我才百分之百确信我真有这种天分。

进入教学生涯的很长一段时间里,我都怀有一种隐秘的想法:想、读、写并不能被称为"真正的工作",尽管我非常喜欢做这些事情。我教学,我写作,但事实上我是通过管理各类学院和各类项目来"证明"我自己的——那些工作是实际的,因而是有价值的,就像我可敬的家人所做的工作一样。直到四十几岁的时候,我才最终能够把精神生活作为我职业的支柱,我才最终能够坚信我灵魂的呼唤。当我能够解读我早期 23 被引导的经验时,我的信念又增强了。

当我们回想起我们的导师,并非我们所有的自我洞察都像我上面所描写的那样轻松快乐。当我们年轻和易受他人影响时,有时会从导师那里学到一些错误的经验。

几年前,我应邀去一所大学主持一个教师工作坊,就亲眼见过这种情况。负责接待我的该校负责人煞费苦心地提醒我,X 教授是一个脾气糟糕、不受学生欢迎的老师,尽管在学术领域他是大名鼎鼎的。他说,参加工作坊的 40 人当中,X 教授并非是想学习怎样教学,而是要责难我们在做的事情。

诚惶诚恐中,我尽量使工作坊的开场变得"温和",我先邀请与会老师通过谈引导他们进入教师行列的导师来介绍自己。轮到 X 教授时,六七个人已经讲了,许多都是富于见识、充满感情的肺腑之言,一种坦诚开放的气氛充满了整个房间。X 教授一开口,我就很紧张,害怕这种气氛会被他扼杀。但很快情况就变得明朗了,原来他也被这样的坦诚交流所打动。

他踌躇不决地讲了他的导师的故事,那种踌躇不决是因说到神圣的事情——当他讲到他怎样艰难地以导师为样板建立自己的教学生涯时,出乎我们大家的意料,一定也出乎他自己的意料,他竟哽咽了。

后来,与他私下交谈时,我了解到他那么激动的原因。20 年来,X 教授尝试模仿他导师的教学和生存模式,结果是一场灾难。他和他的导师是完全不同类型的人,X 教授试图克隆他的导师的风格,却扭曲了他的自身认同和自身完整。他把自己迷失在一种不属于他自己的自身认同中——这是一种痛苦的、需要勇气去面对的醒悟,但也是一种有着健康成长前景的醒悟。

X 教授的故事让我反观自身,使我自我反省,当我们想要探索我们内心世界的动态时,这是一个经常发生的相互启发的例子。在教学生涯早期,我也是拼命模仿我的导师那种滔滔不绝的授课方式,直到我意识到,我那廉价的模仿吸引不了学生,而我的同学依靠自身的原本天分却做得很好。

我开始寻找一种与我自己的本性更契合的教学方式,这种教学方式要与我自己的个性整合,就像我导师的教学方式契合他的个性一样——我的导师之所以有魅力,关键是他在他的教学方式和他自身之间找到了一致性。我开始了一个漫长的过程,试着去理解作为一个教师我所拥有的个性,并顺着本性去学习可能有帮助的策略。

尽管有时候我需要用讲授的方法,甚至可能喜欢用这种方法,但是如果一直都用单向讲授法我会感到沉闷:因为通常我都知道接下去要讲什么,而且要讲的都是我以前听过的。然而,对话法能让我保持活力。我要倾听,反馈,作即兴演讲,我更有可能听到来自我自己和来自别人的一些深刻的、让人意料不到的想法。

这并不意味着讲授法是错误的教学方法,这仅仅说明我的身份特质跟我导师的不一样,我更适合用对话法,这样能充分发挥自己的天性。当我年轻的时候,我不知道自己是谁,我需要有一个人来示范可能会是我自己的智能天资。但是现在,人到中年,我更清楚地认识自己,我的身份认同要求我在与他人的相互依赖、相互影响的过程中利用自己的天资。

我相信,这就是教学技巧的适当位置和作用。我们更多地了解了自我独特性,我们就能学到展示而非掩饰自我个性的技巧,优秀教学则从中产生。我们不需要像专业主义文化鼓励我们去做的那样,用教学技巧来掩盖我们主观本来的面目。相反,我们可以利用教学技巧使自我天资更好地表现出来,从中产生最优秀的教学。

在我的教学中,这些从反思中得来的关于自我的知识起着至关重要的作用,因为它揭示了我和我的学生的内心世界盘缠交错的复杂性。就我而言,作为教师的"我"既受到精神生活的威胁,又受到精神生活的吸引;很长时期困扰我的一个意识是,我感到理智工作所要求做的事情只不过是骗人的玩意儿。这样的"我",尽管沉迷于思想,但是由于从前如此不确定自己的自我,于是欢迎那种实际阻碍自我参与的导师。可是如今,同一个"我"发现自己的这种行为是让人讨厌的,需要在交流中顺其自然地重塑。

当我忘记了自己内心的多样性,忘记了自己走向个性的漫长持续的过程,我对学生的期望是过分的,是不真实的。如果我能牢记我自己灵魂的内在多样性和我自己的自我展现的缓慢步伐,我就能更好地根据他们年轻人自己的生活步调,为他们自我的多样性发展提供服务。通过回想我们的导师,我们想到我们自己——通过回想我们自己,我们会想到我们的学生。

回想起来,我意识到我有幸在我年轻时光的每一个关键阶段,也就是我的身份认同需要成长的每个关键点上,都得到了优秀的导师的指引和帮助:在青春期,在大学,在研究生院,在我职业生涯早期皆然。但是在我完全是成年人的时候,可笑的事情发生了:再没有好的导师来帮助我。我徒劳地等了好几年。在那段时期,我的自我成长停滞了。

然后我意识到发生了什么,我不再是一个学徒,所以我不再需要一个师傅,现在轮到我去做别人的导师了。我需要转过身来寻找我自己潜滋暗长的新生活,把我年轻时导师赋予我的厚礼馈赠给年轻人。我这样做的时候,我的自身认同和自身完整才有新的发展机会——在每一次与学生的生命重新相逢时获得发展。

师徒是人类古老的共舞舞伴,教学的一个伟大收益就在于它每天都提供给我们重返这古老舞池的机会。这是螺旋上升地发展的代际舞蹈,在此过程中,长辈以他们的经验增强晚辈的能量,年轻人以他们新的生机充实、激发年长者,在他们的接触和交流中重新编织人类社会的结构。

铸造我们的学科

我们许多人都要服从一种要求,就是不仅通过与导师的相遇学习教学,还要求通过与具体研究领域的相遇学习教学。我们被引向这部分知识,因为这些知识对我们的自身认同和外部世界有启发意义。的确,不仅仅是我们找到了我们要教的学科——学科也铸造了我们。在我们与学科的命题概念和学科的生活框架相遇之前,自我意识只是处于潜伏状态,通过回想学科是怎样唤醒自我意识的,我们就可以找回教学心灵。

卡普兰(Kaplan, A.)是一个法国语言文学老师,她在《法语课堂》这本书中就展现了这种回想过程。"为什么人们想要适应另外一种文化?"当她总结自己的教学旅程和生活旅程时这样问。"因为在他们的自身文化之中,有一些他们不喜欢的不可名状的东西。"[5]法国文化给了卡普兰一种赢得自身认同和自身完整的方式,而在她的母语文化中找不到这种方式。

在教学过程中,一个有偏见的年轻人,通过接触使用不同语言的不同的人,学会了感激陌生人。回忆这件事情,卡普兰反思道:"在类似的时刻,我就会想到,学一门外语会获得一个成长的机会,获得自由的机会,从自己所接受的观念和精神的丑陋面中获得解放的机会。"[6]

但是卡普兰也看到所借用的自身认同不利的一面:"学习法语有对我不利的一面,法语让我找到了一个藏身的地方。如果生活太混乱,我就会逃到我的第二世界中躲起来。"但是,她说:"写关于法语的东西会让我感受到我的疑惑、我的愤怒和我的渴望,这统统让人感到奇怪。"[7]这个领域帮助她与她生活中的麻烦事情和种种关系重新发生联系,并与之抗争,甚至竭力挽回这种联系。通过探究自己为什么被吸引到这个领域中来,她获得了自我的知识,这种自我的知识使她作为教师的心灵焕然一新。

读卡普兰的反思的文字(远比我的简短的回顾要丰富和清晰),我为其鼓舞,也想从自己的角度反思。我本科读的是哲学和社会学,在这两个领域中所学到的一些细节早就忘得差不多了,但是 35 年后,我当初发现米尔斯(Mills, C. W.)《社会学想象》中的思想[8]的那一刻却依然历历在目。我不仅吸收了这种观点,整个人也被这种思想迷住。

米尔斯的思想其实很简单,但对我来说却是激进的:仅仅环顾四周,我们不能看到"外部世界"是什么样的。我们观察世界的每一件事物都依赖于我们观察世界所通过的透镜。如果选用了新的透镜,我们就会看到先前看不到的东西。

米尔斯教会我通过不同的社会学理论透镜来认识世界。当我第一眼看世界时,就像戴上了当年好莱坞兜售的三维电影镜片,这个世界好像猛然跳到我面前。我看到,塑造着我们的社会生活的无形结构和隐

26

蔽信号强有力地影响着我们，我还以为只有在面对面的关系中才存在这种影响呢。以这种新的视角看生活时，我很震惊：人们并不像我以前想象的那样自由地行走，他们其实是被附加在其思想和心灵之上的无形的操纵者控制着。

为什么我被社会学想象理论深深吸引？为什么它会成为我世界观中决定性的特征？通过思考这些问题，我想到了我之为我的原本具有的某些重要个性特点。

从智力层面来说，我能接受社会学想象理论，这是因为 18 岁那年，我已经懂得看到的东西并不一定是你得到的东西。我生于 20 世纪 50 年代，看了很多社会故事，要花时间才能理解，个人和团体外显的表现仅仅是"前台"部分，而"后台"活跃的现实远比我们在前台看到的行为更有影响力。 27

然而，我被米尔斯的理论所吸引，远不止智力层面——它还帮我克服了深藏内心的恐惧。作为一个年轻人，我发现，"前台"的世界是富有魅力的，也是让人感到恐惧的。这是我要表现自己、出人头地、引人注目的竞技场，但同时也是考验我的能力、证明我的能力不足的考场。当我明白了社会学想象所揭示的后台现实时，我就有能力摆脱一些行为恐惧。

观察后台的景象，看到行为机制是何其像普通人，何其笨拙，何其平常——与充满感染力和魅力的前台行为是多么不同——我问我自己："如果他们能够做到，为什么我不能？"关于后台的认知让我感到从容，因为我知道所有的英雄都出身平凡；有一句话可以让紧张的演讲者镇定自若，那就是"想象一下你的听众都是初出娘胎、一丝不挂的"。

但是，我被社会学想象理论吸引还有更深的缘由——不止于理性的兴趣、行为的恐惧，还有我内部灵魂的断裂。米尔斯的关于前台表现与后台现实的区分反映了我内心生活的大分裂。表面上，我已经学会怎样使自己的行为看起来相对流畅和完美，但在内心里，我感到焦虑、笨拙、愚蠢无能。

我感受到的自己与别人眼中的自己永远是矛盾的，这使我陷入痛苦,有时候是自我瓦解的骗人感。但社会学想象理论及其所揭示的社会表里不一帮助我认识到这种矛盾是多么普遍,人们的情况大抵如此。欺骗人的感觉不再让我坐立不安。

我花了很长时间才将米尔斯的洞察理论从分析社会的方法转化到我的自我认识上。社会学想象理论很快被用作"揭穿假面具"的工具之一而为社会科学青睐。这无异于让我们冷眼旁观路过的受检阅者高高在上,超然世外,贬斥其愚昧可笑。28

有很长一段时间,我就站在批判家和法官的行列中,现在我明白了原因所在:我把我感受到的所有欺骗性都投射到社会中去,却不能面对自己,我是在把投射当作逃避面对自我分裂的一种方式。我不想再像那样生活下去——这就是我在写作中用心良苦地弥补和归还社会学想象理论真实意蕴的原因。

本章一开头,我强调我们内部世界的真实和力量会使我们免于受到环境的伤害,并促使我们对自己的生活担负起责任。事实上我想说明的是,社会结构和信号的世界并不必然决定我们的生活。社会学的想象是如此让我入迷(我已经完全被这种理论所陶醉),作为一个年轻人,我还没有掌握所有问题的解答。在我写这一章的每一步思考中,我一直在经历着我主观的——和我自己的——不断更新的相遇过程,我仍然尊重社会事实的力量,但我不想借口有社会事实的作用就逃避自己的责任。

作为一个教师,我从上述回忆中获得的关于自身认同的知识,在某种意义上来说也是令我深受鼓舞的:假若我在前台的生活与后台的生活没有达到相当程度的一致,我就不可能成为内心真实力量的倡导者。

但是我也已经认识到我在前台与后台的现实冲突还远没有解决——它不断出现于我的教学中。在这章的开头,我的那些教学故事的主题就是这种冲突,诸如此类的戏剧性故事,表现在我对教学事件的外在反应与我内心不胜任意识之间的紧张中。

我喜欢的教学随笔之一是汤普金斯(Tompkins, J.)的《沮丧者教育学》。[9]这本书似乎是在直接描述我的自我分裂状态。汤普金斯惊人地直白道:作为一个教师,她的困扰在于没能帮助学生学习他们想要了解和需要了解的东西,而是:"(1)向学生显示我有多聪明;(2)向他们显示我知识多渊博;(3)向他们显示我备课多认真。我就是在进行一场演出,其真实目标不是帮助学生学习,而是以此使他们对我有一个好的评价。" 29

接着她问道:"作为研究院院士,我们的主要目标怎么就堕落为演出了呢?"她的回答引起了我的共鸣——恐惧:"害怕把你的真实面目展现出来,害怕被别人看成是骗子、笨蛋、无知者、乡巴佬、傻瓜、低能者、一无是处者。"

这几乎就是在描述某些时候的我。我害怕在后台表现出的不称职暴露出来。受这种心理驱使,我极力使自己在讲台上的行为熟练、巧妙、沉着——在此过程中,除了学会了怎样掩饰、炫耀,我的学生学会某种东西的可能性越来越小。我掩藏了我的内心,无法按照教与学的要求形成有机联系。

还有,当寻找我的自身认同和自身完整时,我找到的并不都是令人自豪的、光彩的东西。当我回想起相遇于那些形成和揭示我的个性的事物的时刻,才知道发现自我有时是让人尴尬的——但是它们也是真实的。当我承认在我的内心起作用的那些力量,而不是愚笨地任其破坏我的工作,无论在尴尬中要付出什么,我都会更好地认识自己,从而成为更好的教师。

斯科特-马克斯韦尔(Scott-Maxwell, Γ.)在她80多岁时完成的著述中令人信服地说明了这一点:"你仅仅需要申明你生活中的事件造就了属于你的你自己,当你真正拥抱你自己拥有的一切一切和所做过的一切一切……你就是真正勇敢地面对现实了。"[10]

教 师 的 内 心

与导师和学科的相遇可以唤起自我意识,获得一些我们是谁的暗示,但是教学的呼唤还不单是来自外部的融合——没有我灵魂的首肯,任何外部的导师和学科都不会对我产生影响。任何真正可信的教学要求最终是来自**教师内心**的呼唤。这种呼唤使我尊重真实的自我。

说到教师的内心世界的呼唤，我指的不是**良心超我**，不是道德权威或内在判断。事实上，良心，按照一般意义理解的良心，会使我深深地陷入职业困扰之中。

当我们最初听到生活中我们"应该"做什么的那些要求时，可能会发现，我们被那些外部的期望所围困，这些外部的要求扭曲了我们的自身认同和自身完整。按照抽象的道德要求，我应该去做很多事情。但这是我的天职吗？我有这样的天分去做吗？我内心呼唤我这样做吗？这是我内心世界与外部世界交会中特别倾心的天地，还是别人对我生活的应然设想？

如果我只是遵循这些应然规则，我发现自己所做的工作只是在伦理意义上值得赞美，但非我心甘情愿所为。对一项非我倾心的工作，无论从外部代表的抽象标准看多有价值，它都会侵犯自我——准确地说，为了符合一些抽象的原则而侵犯我的自身认同和自身完整。当我侵犯了我自己，不可避免地，我最终会侵犯与我共同工作的人们。到底有多少教师将他们自己的痛苦加诸于学生？这种痛苦就是来自于：他们正在做的事从来不是，或不再是他们真正倾心的工作。

与这种应然规则的压迫性和损害性的职业概念相反，比克纳（Buechner, F.）提出了一种更宽容、更人性化的天职图景："是你深层愉悦与外部世界深层渴望之间相遇交融的圣地。"[11]

在那些有时把工作等同于受苦的文化中，提倡职业的最佳内涵的象征是深层愉悦，这是一场革命——而且是实实在在的革命。如果一项工作是我内心真正想做的，尽管连日辛劳，困难重重，我仍然乐此不倦。甚至这些艰难的日子最终也会使我的生活充实快乐，因为这是我真正倾心的工作，其中出现的各种问题正好帮助我成长。

如果一项工作不能以上述这些方式使我感到愉悦，我就要考虑放弃这项工作了。当我投身去做的事情与我的身份认同相悖，与我的天性并不契合，我极有可能加剧外界的饥荒，而不是助其减轻。

30

有时候,我们必须为了钱而非为了工作的意义而工作,我们可能根本没有因为工作不能使我们感到愉悦而辞职的派头,但是,我们不断以那种践踏我们灵魂的方式工作,而对他人和自己造成损害,却无法从中解放出来。保持自我同一性是否是一种奢求,我们也无法从这种困惑中释怀。这工作我该继续干下去还是尊重我的灵魂?从长远看,到底哪一个选择对我才更安全?

教师的内心不是良心的呼唤,而是自身认同和自身完整的呐喊。教师内心要说的不是应该如何,而是在说对我们而言什么是真实,什么是真我。心声告诉我们,"这工作适合你,或这工作不适合你";"这是真正的你,这不是真正的你";"这赋予你活力,或这扼杀你的心灵——使你觉得生不如死"。教师的内心有一个警卫,守护着自己的个性,把有损我们自身完整的任何东西拒之门外,把有益于我们自身完整的一切东西拥入怀中。每当我与我的生活圈中的力量周旋协调时,教师内心的声音就提醒我真我的存在。

我意识到教师的内心的想法无异使某些学者觉得是一种浪漫的幻想,但我还是不能彻底了解为什么这只能是幻想。如果我们的生活中根本就不存在这种真实,几百年来西方对教育目标的论述就成了一句空谈。按经典的理解,教育就是试图从自我内部"引出"智慧内核,只有这智慧内核才有力量抵制谬误,用真理启迪生命。教育采用的方式不是靠外部规范,而是靠理智的反思的自明自断。教师的内心是使我们的生命鲜活的核心,而使生命鲜活又是无愧于教育这个词的真正教育所强调和召唤的。

也许这个想法不受人欢迎,因为它迫使我们面对教学中两种最难对付的真相。

第一个真相是,除非教师把教学与学生生命内部的鲜活内核联系起来,与学生内心世界的导师联系起来,否则永远不会"发生"教学。

我们能够、也确实正在使教育成为纯外部的事业,强迫学生记忆和重复一些知识,却从来不诉求于学生内在的真谛——结果可想而知:学生们一旦离开学校,就再也不想读发人深省的书,再也不提出有独创性的见解。如果我们忽视了学生内心世界的导师,就根本不会有改变人的优秀教学。

第二个真相更让人恐惧:只有我们教师能够与自己的内心对话,我们才有资格说教师深入到学生的内心中。

那位把不好的老师说成像卡通人物的学生,就是把教师描述成对他们的内心向导充耳不闻的人。他们把自己的内心真实与外部活动完全分离,以至于他们已经失去了与自我意识的联系。心灵深处直对心灵深处才产生共鸣,如果我们不能发出我们内心深处的声音,我们当然听不到学生内心深处的声音。

教师怎样才能注意到来自内心的声音呢? 我还不能提出一些特别的方法,还是那些咱们熟悉的老话:独处静思,沉思默读,野外散步,坚持读报刊,找一个可以倾诉的朋友。一个简单的建议是,要尽可能多地学些"自言自语"的方式。

当然,我们一般用"自言自语"这个词语来描述精神失调症状——可见我们的文化是怎样看待内心的声音的! 但是那些学会与自己对话的人们很快就会惊喜地发现,教师的内心是他们所遇到的最通达清醒的对话伙伴。

我们需要找到各种可能的方式来倾听来自心灵内部的声音,并认真地接受内心的指引,不只是为了我们的工作,更是为了我们自己的健康。如果外部世界有人要告诉我们重要的事情,而我们当他(她)不存在不予理睬,这个人不是放弃不说了,就是为了引起我们的注意变得愈来愈粗暴起来。

同样的道理,如果我们教师不对内心的声音作出反应,它可能不再发出声音,也可能变得粗暴:我相信,我们的某些沮丧就是这样造成的,那些内心世界长期被忽视的教师,拼命地想得到我们对其心声的倾听,威胁要干掉我们。我自己就有这样的经历。只要我们稍微给自己内心声音一些注意和尊重,它就会以一种更温柔的方式回应,使我们参与到赋予生命活力的灵魂的对话中。

这种对话,不一定非要得出结论才有价值:我们与自己对话,不需要开始于清晰的目的、目标和计划。要从实际效果来衡量内心对话的价值,就好像用和朋友一起解决问题的数量来衡量友谊的价值一样。

朋友之间的对话有它本身的回报:在朋友面前,我们感到放松、安心、平和、快乐,我们能够彼此信任。我们要关照教师内心,使其不会僵化,对深层的自我待之如友,培养一种自身认同和自身完整的意识,使我们无论在哪里都感到回归了灵魂家园。

聆听教师的内心的声音也回答了教师要面临的最基本问题:我该怎样建立我的**教学威信**?又该怎样在课堂和我内在生命的复杂力量中形成泰然自若的定力?

在以教学技术为中心的文化中,我们常把威信与权力混淆。但两者并不等同。权力是外部赋予的,而威信是发自内心的。如果我们在内心之外寻找威信,以为可以在以下资源中,从微妙的团体管理技巧到不那么微妙的等级控制方法,找到建立威信的答案,那就错了。这种教学观把教师当作警察在岗执行任务——通过准许制,保证一切正常运行,但是很多时候不得不依靠法律的强制力量。

外部强制力量的工具偶尔可以在教学中发挥作用,但是并不能取代威信。权威、威信是来自教师的内在生命。从威信这个词本身的词义来看,*原创*是其核心内涵。权威、威信赋予给那些被认为是原创自己的语言、自己的行动和自己的生活的*原创者*,而不是照本宣科地扮演远远疏离于他们自己心灵的角色。一旦教师靠法律或技术的强制力量过活,他们就无权威、威信可言了。

我痛苦地意识到,在我自己的教学过程中,有一段时间,我与内心的导师失去了联系,因此也就与我自己的权威失去了联系。在那段日子里,我把自己隔离在讲台后面,利用自己可以用成绩来威胁、控制学生的地位,获得教师的权力。但是当我依靠内心的导师赋予我威信时,我的教学就既不要武器也无需盾牌了。

当我唤回了我的自身认同和自身完整时,当我牢记我的自我个性和我的天职意识时,威信就树立起来了。这时教学就能够发自我自己真实的内心深处——这是一种有机会在学生们的内心获得默契的回应、共鸣的真实。

注释

[1]　May Sarton, in "Now I Become Myself," *Collected Poems*, *1930—1973* (New York: Norton, 1974), p. 156. Copyright © 1993, 1988, 1984, 1947 by May Sarton. Reprinted by permission of W. W. Norton & Company, Inc.

[2]　Mohandas K. Gandhi, *An Autobiography*, *or the Story of My Experiments with Truth*. (Ahmedabad, India: Navajivan Press, 1927).

[3]　Cited in Earl Schwartz, "Chronic Life," *Creative Nursing*, Feb. 1992, p. 58.

[4]　Válcav Havel, speech delivered to joint meeting of the U. S. Congress, quoted in *Time*, Mar. 5, 1990, pp. 14—15.

[5]　Alice Kaplan, *French Lessons*: *A Memoir* (Chicago: University of Chicago Press, 1993), p. 209.

[6]　Kaplan, *French Lessons*, pp. 210—211.

[7]　Kaplan, *French Lessons*, p. 216.

[8]　C. Wright Mills, *The Sociological Imagination* (New York: Oxford University Press, 1959).

[9]　Jane Tompkins, "Pedagogy of the Distressed," *College English*, 1991, 52(6).

[10]　Florida Scott-Maxwell, *The Measure of My Days* (New York: Penguin Books, 1983), p. 42.

[11]　Frederick Buechner, *Wishful Thinking*: *A Seeker's ABC* (San Francisco: HarperSanFrancisco, 1993), p. 119.

第二章　一种恐惧文化

——教育和分离的生活

日复一日，
　我振翅寻觅，温恭求真，
　却深感难尽人意：
　我的心声、呼唤，没人理，
　世人啊，
　只信实、崇强、斗力！

　我雀跃，
　朝求知之家探求——
　拥抱每一过错，像找回久失的孩子，
　鼓翼奋飞，
　带迷路的孩子归家。

　利笔伸正义，
　力透纸背。
　我为正义伸张；向上面解释——

唉，正义的名堂繁又长。

申辩正义也孤独难当。①

——斯塔福德(Stafford,W.),《受启发的导师》[1]

剖　析　恐　惧

如果想发展和加深对优秀教学起关键作用的联结能力，我们必须先看透这种不合常理的、但又强势的"分离"生活，并抵制之。学术文化如何和为何阻挡我们过一种联系性的生活？又怎么样和为什么怂恿我们把自己和我们的学生跟学科相脱离，使得教和学脱离我们自己的心灵？

表面上，答案似乎很明显：我们被一种隔离教师和学生的等级系统所分离，被学科分门别类的知识领域所分离，被教师和学生都得提防的同辈竞争所分离，被一种使教师和管理者产生意见分歧的官僚主义所分离。

当然，教育体制充满了分离的结构，但是把我们的分离都归罪于教育体系，就使得所谓外观世界比内心世界更强大有力的神话长期存在下来。假如这种外部的教育结构不是植根于最压迫我们内心世界的特征之一——恐惧，就根本没有力量将我们分离得如此之深。

一旦没有我们的支持，这些教育结构就会崩溃，这是"天鹅绒革命"的学术版本。但事实是，我们和教育结构联手，一而再、再而三地为其"改革"操劳烦恼，就是因为它们如此成功地利用了我们的恐惧。恐惧是一种使我们和同事、学生、学科以及我们自己相分离的东西。恐惧关闭了一切"求真试验"，也禁锢了我们教学的能力。恰恰就是那些"求真试验"，能让我们编织一张更广泛的关系网。

从小学一开始，教育就成了令人恐惧的事。从当学生起，我身处太多充满恐惧的课堂里，这种恐惧导致许多天生热爱学习的孩子产生憎

①　此诗为吴国珍博士初译，杨秀玲博士润饰、审校。

恨学校的念头。作为一个教师，当我让恐惧占上风时，不管是教学时我恐惧学生还是我弄得学生恐惧我，我都处于最糟糕的状态。作为同事，我们的关系常因恐惧而疏远；恐惧几乎渗透进所有教师和管理者的关系中；而且恐惧是在太多管理工具袋中的一种权威的管理工具。

我教书教了 30 年，至今仍感到恐惧无处不在。走进教室，恐惧在那里，我直觉得陷入恐惧恶浪中；我问个问题，而我的学生像石头一样保持沉默——恐惧在那里，好像我逼他们去背叛他们的朋友；每当我感到似乎失控，诸如给难题难住、出现非理性冲突，或上课时因我自己不得要领而把学生弄糊涂，恐惧又在那里。当一节上得糟糕的课出现一个顺利结局时，在它结束后很长时间内我还恐惧——恐惧我不仅仅是一个水平低的教师，还是一个糟糕的人。可见我的自我意识跟我的教学工作连接得多紧密。

我恐惧，我的学生一样恐惧，他们的恐惧决不在我之下，尽管当 37 年刚开始教书时，我想当然地把这一事实丢在脑后。那时我觉得自己站在教室的前面，袒露无遗，随时出丑，惶恐不安，再看我的学生，躲在他们的笔记本后面，匿名隐藏于人群中，安全得令人嫉妒。

据我的经验，学生也是害怕的：害怕失败，害怕不懂，害怕被拖进他们想回避的问题中，害怕暴露了他们的无知或者他们的偏见受到挑战，害怕在同学面前显得自己愚蠢。当学生的恐惧和我的恐惧混合在一起时，恐惧就以几何级数递增——这样教育就瘫痪了。

假如我们把致力于外部教育体制的改革家的某些能量转到驱除内心恐惧恶魔上，我们将在教和学的创新路上迈出关键的一步。我们不再需要浪费生命去干等教育结构的变革。我们能通过解读恐惧，用自我知识的力量去克服种种分离性结构。

使我们无法摆脱教育体制的恐惧到底是什么呢？答案又似乎很明显：如果我不顺从体制权力，我惧怕失去工作，失去形象和地位。但是这样解释还不够深刻。

我们和分离的结构连成一气，因为分离的结构承诺可以保护我们对抗人类内心最深处的恐惧之一——恐惧和异己的"他者"直接相对，不管"他者"是学生、同事、学科，还是一种内心自我矛盾的声音。我们恐惧遭遇他者可以自由地成为他自己的情景，恐惧直面他者说出他真实的心声，恐惧面对他者向我直白我可能不希望听到的实话。我们想要的是符合我们开出条件的相遇，以便我们能够控制其结果，以便他们不会威胁到我们关于世界和自我的观点。

学术制度提供许多保护我们免受直接相遇威胁的方法。为了避免与教师正面交锋，学生埋头于笔记本中并保持沉默；为了避免与学生正面交锋，教师可以躲在他们的讲台、资历证书和权力后面；为了避免和同事正面交锋，教师可以躲在他们的学术专长后面。

为了避免和学习的学科正面交锋，教师和学生同样可以躲在乔装的客观性后面，学生可以说："不要让我去思考这些材料——只给我事实。"教师则说："这些是事实——不用去思考它们，直接记住就行。"为了避免和我们自己正面交锋，我们可以学习与自我疏离的技艺，学会一种过分裂生活的本事。

这种对正面交锋的恐惧，实际上是一系列始于对多元性的恐惧。只要我们栖身于这样的世界，即通过让我们不接纳他者而达到单一的世界，我们就会抱定这种幻想：我们可以把握我们自己和世界的真相——毕竟，不存在挑战我们的"他者"！但是，只要承认多元主义，我们就不得不承认，我们的观点不是惟一的观点，我们的经历不是惟一的经历，我们的方式不是惟一的方式。这时，那些我们赖以建构我们生活的所谓真理就开始站不住脚了。

假如我们接受多元性，我们又会发现自己到达下一层恐惧的门阶：当不同的真相相遇时，对冲突的恐惧将随之而来。因为学术文化只相信一种冲突形式，一种被称为竞争的赢—输形式，作为竞争者，我们恐惧直接交锋，在这种竞争中胜者为王，败者为寇。为了逃避与"他者"公开较量并分出胜负，我们把这些危险的差别秘密地藏起来。结果发现差别越来越大，我们也变得愈加分离了。

如果剥掉对直接冲突的恐惧，我们会发现第三层恐惧，即恐惧不断地失去自身认同。我们中的许多人如此深地认同自己的思想，以至于当进行竞争性的交锋时,我们所承担的不仅仅是争辩成败的风险:我们所冒的是失去自我意识的危险。

当然,比赢—输这种竞争形式更富有创造性的冲突形式是有的,如果能够在冲突中获得自我发展的话,这些冲突的形式就是至关重要的。但是学术文化对这些更富有创意的形式了解有限。例如,多方意愿归一型决策就是富有创意的形式。在这里,大家都是赢家,没有人需要输;在这里,"赢"意味着更广阔的——而非个人的——自我意识在冲突中涌现;在这里,我们体会到自我不是用来自卫的一块草皮,而是不断扩大的能量。

若我们接受了这一事实:多元性会给我们更多空间,创造性冲突、为"赢"而"输"会给我们更多希望,我们仍面对最后一种恐惧,即同他者的正面交锋会挑战我们——甚至迫使我们改变自己的生活。这不是多疑:这个世界真的不那么照顾我们! 严肃地说,他者经常引起转变,召唤我们不仅接受新的事实、思想和价值,而且接受新的生活方式——这才是最令人恐惧的。

我们对正面交锋的不同恐惧不单是由师生一个个带入教室的个人情感,也是一种在我们共同生活的每个领域里运行的一种文化特征。我们实践着一种恐惧的政治学,在那里候选人是通过利用选民对种族和阶级问题的焦虑选举出来的。我们在一种恐惧的经济中做生意,在这里,"赚钱与花钱"受消费者担心跟不上邻里的时尚所驱使。我们首肯对恐惧的种种信仰,这些信仰滋生于我们对死亡和诅咒的恐惧。由于我们生活在呼吸恐惧空气的文化中,已很难看出我们的教育是多么可怕至极——更不用奢谈想象出更多的教与学的方式了。

本章集中分析病态的恐惧,但是恐惧也可以是健康的,记住这一点很重要。如果我们懂得怎么样去破解恐惧,许多恐惧就能帮助我们生存,甚至帮助我们学习和成长。我恐惧我的教学很糟糕,这种恐惧或许不是一种失败的信号,而是关注我的教学技艺的一种证据。我恐惧某个话题在课堂上会突然出现,这种恐惧或许不是警告我逃避这个话题,而是发出一个信号:这个话题必须注意。我恐惧在那危机四伏的个人和公众交接处教学,这种恐惧或许不是懦弱胆小,而是坚定了我的信心,去冒这个凡出色教学都需要冒的风险。

　　恐惧在学生的生活中也能扮演积极的角色。当加缪(Camus, A.)在书中写到"旅行给人的价值就是恐惧"时,他的话非常适合于描述优秀教师与学生共同穿越陌生的真理景观的尝试活动。[2] 当我们遇到陌生事物,并且被迫挑战去扩展我们的思维、我们的自身认同和我们的生活时,我们感受到加缪提到的恐惧——这种恐惧让我们知道我们处在真正学习的边沿上:"事实上,有时,当我们远离自己的国家……我们被一种说不清楚的恐惧控制着,被一种想回到旧的习惯保护下的本能欲望拽住……在那个时刻,我们焦躁不安,但也有所感悟、有所触动,因此稍微一碰就使我们浑身颤抖。我们穿越了一片普洒大地的阳光,那正是永恒圣地。"[3]

　　这种能够使得人们对真正的学习有所感悟、有所触动的恐惧是一种健康的恐惧,这种恐惧能提高教育,而且我们必须找到激励它的方法。但是我们首先必须对付那种使得我们自我封闭、无动于衷的恐惧,这种恐惧会割断我们跟人密切联系的能力,会破坏我们教与学的能力。

　　我想检讨发生分离的三个地方:在学生的生活中、在我们自己自我保护的心灵中和在我们主导的认知方式中。要摆脱病态的恐惧,我们既不能靠技术手段也不能靠结构改革,而是要深入了解恐惧主宰我们生活的方式和原因。

"有问题背景"的学生

　　恐惧常发生在我们与学生的关系上,这种恐惧割断我们与人密切联系的能力。假如我们能清楚地、始终如一地看到这一事实——并且学着坦诚面对我们学生的恐惧而不是利用这种恐惧——我们将朝着更好的教学方向前进。但是洞悉这种恐惧绝不是一件简单的事情,现在教师透过镜片看年轻人,往往歪曲了学生的真实面目,无法认清他们到底怎么了。

当我让老师们说出优秀教学最大的障碍是什么时，我经常听到的答案是"我的学生"。当我问为什么会是这样的时候，我听到的是一连串的抱怨："我的学生沉默寡言、郁闷孤僻；他们没有社交会话能力；他们注意力持续的时间太短；他们不能很好地理解、交流观点；他们死抱着狭义的'重要'和'有用'的观念不放，而无视思想领域。"

如果认为我说的似乎有些夸张，这里有一段标题文，刊登在最近一个全国教与学研讨会的宣传册上：

这是一个事实

很多学生没有方向、缺乏动机。这些学生对团队合作和协商所必需的社交技巧所知甚微。

他们在需要行动的情景下表现沉闷、被动；而在需要反思的情景下，却表现出攻击性和破坏性。

当追问这些所谓过错的因由时，我听见了又一连串的常规抱怨——抱怨社会弊病。双亲缺失，家庭破碎，公共教育不到位，电视和大众文化平庸之极，毒品和酒精造成危害，所有这些都是使得我们学生的精神和生活处于低迷状态的罪因。

与所列举的上述罪因同样令人痛心的残酷现实是：有些教师坚持认为当今的学生远不如他们自己那一代的人。这种残酷的说法产生了另一个令人困惑的问题，是否仅仅以社会的变化就能解释学生精神和生活状态迅速下降的原因呢？难道遗传因子本身在过去的 25 年里急剧退化了？

无论责备学生的陈词滥调在多大程度上确有其事，它们都严重歪曲了事实，而且它们扩大了学生和教师之间相分离的程度。这些夸张性的描述不仅使得我们的生活和这些粗野学生的生活相比显得更加高贵，而且也在更大程度上把学生问题的根源与教学分离开来。在任何受困扰的职业中，责备当事人是惯有的防卫手段，而且这些陈词滥调方便地减轻了我们对学生问题应负的一切责任——或者说减轻了解决学生问题的责任。

几年前,我遇见了一位实验学院的主任,他正在指导一所著名大学的校园项目,这个项目已经进行到第二年。他刚和教师开完会回来,其表情表明工作进展并不顺利。

"出什么事儿了?"我问。

"全体人员花费了大半个上午的时间抱怨学生的质量太差。他们说如果我们不招收基础好的年轻人,我们这个项目就决不能取得成果。"

"你怎么说?"

"我尽最大的努力去听,"他说,"但是他们只顾一个劲儿地责怪学生。最后我说,他们的话听上去像医院的医生在说:'不要再把有病的病人往我们这儿送——我们不知道拿他们怎么办。给我健康的病人,以便使我们看上去像好医生。'"

他打的比方帮助我理解了教学的一些重要东西:**我们诊断学生健康状况的方式决定我们提供治疗的方法**。但是老师们很少花时间去共同思考我们学生的状况,很少花时间去思考我们的教学能够治疗的弊病。我们没有什么东西能够和医院里常见的大会诊相比:在医院里,医生、护士、治疗师和其他专家联合起来诊断一个病人的病情。相反,我们却允许不假思索地凭着充斥在教师文化中的偏见来形成我们的"治疗方式"。

直言不讳地说,这种诊断结果无疑是宣告我们的"病人"大脑死亡了。接下来,毫不奇怪,主要的治疗方法自然就是把琐碎的资料点点滴入学生的血管中,推着他们麻木昏睡的躯体,从一种信息源到下一种信息源,直到预定的治疗程序结束,指望他们吸收足够的智力营养来维持他们的生命迹象,直到他们毕业——而且全部交足了学费。

42

以上夸张的描述突出了这样一个真理:我们假定学生的大脑是死的,这种假定导致了一种使他们的大脑麻木的教学。当我们采用把信息注入到学生被动的躯体的方式教学时,这些入学时本来朝气蓬勃、充满活力的学生就变成了知识的消费者;等他们毕业离开时,已经变得死气沉沉、麻木迟钝了。而我们似乎对这种自我应验的教训总不记取:我们很少考虑到学生在教室里可能会死气沉沉,因为我们用一种不当他们是活生生的人的方法来教他们。

我曾经主持过一个教师工作坊,话题又转向了学生,而且许多参加者都抱怨学生是多么的沉闷和冷漠。研讨是在位于新教学楼中心的玻璃墙会议室举行的,而且用来遮挡走廊视线的窗帘是拉开的。在一片声讨学生的声音中,铃响了,围绕会议室的教室空无一人。大厅里立刻挤满了年轻人,他们谈笑风生,神采奕奕,充满活力。

我请这些参加工作坊的教师观察在我们面前的这一事实,并且让他们解释他们描述的学生和我们现在看到的学生的差别:"可能你的学生大脑并不麻木迟钝吧? 可能他们在课堂里呆滞是上课状况导致的吧? 还可能一旦他们越过这个门槛进入另一个世界,他们就仍然生机勃勃吧?"

我们需要一种新的对学生内部状态的诊断:多设身处地理解他们的需要,少推卸我们对学生困境的责任,这样更有可能形成创造性的教学模式。我想告诉大家一个我自己经历过的故事,提出这样一种新的诊断。

我刚刚在中西大学校园结束一个为期两天的教师工作坊。在一片对我们一起做的工作的高度赞扬声中——他们告诉我,工作坊使大家对教学技巧有了更深刻的认识——我被人请进了一个上政治课的班里,我先前同意来这里"上一个小时的课"。

我本应见好就收,早该离场。

43

那堂课有 30 名学生,可能有 29 位是想学的吧,但我无从得知。在最后一排的远远的角落里,有一位"来自地狱的学生"没精打采地坐着,像个幽灵。

"来自地狱的学生"是公认的有问题背景的学生,有男生也有女生,我遇到的这位是男生。他的帽子被拉下来,遮住了眼睛,因此我不能分辨出他的眼睛是睁着还是闭着。他的笔记本和文具不知道在哪里。那天是个晴朗的春日,但是他的外衣却扣得紧紧的,看得出他随时准备逃课。

　　我记得最清楚的是他的坐相。虽然他坐在那种折磨人的附有小桌的椅子上，但是他却可以不管横插中间的小桌的阻碍摆出一般解剖学上不可能的造型：他的身体能和地面平行。我尽力寻找我面前这个幽灵的特点，哪怕是一点点可取之处。我认为他肯定是在练习瑜伽，让他的身体完全扭曲。

　　此刻，我已经有25年的教龄了，然而面对"来自地狱的学生"，我犯了一个没有经验的新手才会犯的最基本的错误：我完全被他困住了，这个教室中的其他人在我的视线中都不存在了。

　　在漫长又痛苦的一个小时里，我把我所有的注意都投向了这个年轻人，竭尽全力想把他从僵化的麻木状态中唤醒。但是我越努力，他好像越向后退。在我被"来自地狱的学生"困住的同时，我忽视了其他学生的需要，使得其他的学生都成了可有可无的人。那天我知道了什么是黑洞："黑洞就是物质的密度太大以至于光线都消失了的地方。"

　　我心乱如麻，带着沉重的感情离开了那个教室：自怜、欺骗和气愤。紧跟一片吹捧教师工作坊成就的喝彩声，我表现出令人惊讶的无能。普通教师忽略他们自己班上的这类问题，会从我的表现中找到忽略的理由。虽然我笨拙的表现没有被任何其他的同仁所察觉，但我的自尊受到了严重的伤害，我明白谁该受责备：那是"来自地狱的学生"的错。自怜，归咎他人——这就是心安理得混日子的灵丹妙药！

　　我急于离开那个城镇，但是我不得不忍受最后一个应酬：在校长家里与一些教师进餐。这次，工作坊又受到赞扬，但是现在这种赞扬却是令人痛苦的，使我陷入更深的欺骗感中。当校长告知送我到机场的大学车子来了时，我一下浑身轻松了许多。

　　我走出去，把我的行李往车的后座一丢，就上了车的前座，侧过脸跟司机打了个招呼。这个司机竟然就是那位"来自地狱的学生"。

　　我是一个有宗教信仰的人，因此我开始祈祷："我有罪，我作孽，而且只要有受到诱惑的机会，我可能还会再作孽，但是我从来没有做过或者想做任何事情该遭受如此的惩罚——和'来自地狱的学生'在车里呆上一个半小时啊。"

44

我们沉默地盯着前方，车驶出了公路车道，绕过一片住宅区。当我们上了高速公路的时候，司机突然说话了："帕尔默博士，我们谈谈话好吗？"

我身体的每一个细胞都在大喊："不！"但是我那张训练有素的嘴却说："当然，好，可以，你说。"

我会永远记得接下来的谈话。这个学生的父亲是一个失业工人、酒鬼，认为他的儿子想大学毕业成为专业人才是完全不可能的。

这个年轻人和他父亲住在一起，他父亲每天都训斥他的愚蠢："这个世界就是愚弄我们这样的人。大学是向我们耍的一个骗局。不要去上学了，找份快餐店的工作，存点钱，凑合着过吧。从来都是如此，将来也都是如此。"

这个年轻人上大学的动机日益减弱。"你曾经有过像我这样的情况吗？"他问。"你认为我应该怎么办？"

我们一直谈到我的飞机要起飞。那以后我们通了一段时间信。我不知道我是否帮了他一把——但是我知道他帮助了我。他让我懂得了，在课堂上看上去沉默和表面上忧郁的学生，他们的大脑不是死的：他们充满了恐惧。

"来自地狱的学生"不是天生就是那种样子的，而是被他或她所不能控制的环境造成的。当然，他们当中可能有一两个是魔鬼撒旦直接送到这里来破坏我们所了解和热爱的西方文明的。但是这种特定类型的学生——他们的处境代表了很多其他学生——迫使我对学生的状况有一个深刻的理解，慢慢转变了我的教学。

这些学生是被忽视的、处于我们社会边缘的人。课堂上我们面对的沉默是处于社会边缘的人经常采用的一种沉默——这些人恐惧那些有权力的人，懂得不说话较安全。

多年来，非洲裔的美国人在白人面前是沉默的——沉默，那是一种他们真正的思想和感情。很多年来，妇女同样在男人面前沉默。如今随着黑人和妇女从社会的边缘移到社会的中心，这一切在悄悄地改变，他们说出像我这样的人需要听的实话了。

45

但是年轻人仍处在我们社会的边缘——20世纪60年代以来,我们越来越恐惧和拒绝这些年轻人,他们的处境也越来越恶化。年轻人受到暗示或明示:他们没有任何有价值的经验,没有任何值得一提的观点,没有任何前景,不能担当重要任务。

学生收到的这类信息铺天盖地,在教室里宁愿保持沉默,而不再冒被开除和受到指责的危险,这有何奇怪?他们的沉默不是由于天生愚蠢或者平庸,而是出于一种想保护他们自己生存的愿望。那是一种对成人世界的恐惧所驱使的沉默,在这个成人世界里,他们感到疏离、无力。当然,学生中有些人并不年轻,他们是在中年时返回学校的,或许比他们的老师年龄都大。但是在年轻的学生身上的恐惧,在我们这些年长的学生身上同样存在。这些成年学生常因他们被推到边缘境地而返回学校——离婚、事业失败和丧偶。我们往往以为他们比年轻的同学更善于表达,更有自信,但是,或许岁月仅仅是给了他们更多的磨炼,教会他们把自己的恐惧藏起来。在内心,这些学生仍把老师作为"长者",即使年龄的差别倒转过来,而且他们可能往往和年轻学生一样,也容易担心我们对他们是怎么反应的。

面对学生的恐惧,我还想教好书的话,我需要毫不含糊地看清他们心中的恐惧。没有任何教学技能够挽回我课堂上处理"来自地狱的学生"的失败,因为问题始于一种更内在的、不易处理的地方,始于我不能敏锐地读懂他和他的行为这一事实。我不是按照他们的状况来解读他们,我是以我自己的观点(我将很快回到这一点)来解读他们,而且我的自以为是的误读使我进入了教学生涯中最低落的时刻。

由于恐惧产生的行为——沉默、退缩和玩世不恭——常与因无知产生的行为相仿,因此,对我来说,当我观察我的一些学生的时候,让我相信我看到的是焦虑而不是平庸,并不那么容易做到。不管学生的外在表现给我什么样的误导,我需要不断更新我对学生真实状况的洞察。

这尽管不容易做到,但却是值得的。当我开始渐渐地理解学生的恐惧时,我能让我的教学朝着一个新的方向发展。我不再把学生看作是无知的,我不再那样不准确、自私地评价学生。相反,我体谅他们恐惧的心灵而倾心教学。而且,当我能这样做时,学生的心灵能健康地成长。

现在我懂得莫顿(Morton，N.)所说的这句话的涵义了:我们现在最重要的任务之一是"倾听人们说话"。[4]我们的学生在恐惧、沉默的背后,是想去发现他们自己的声音,想去发出他们的声音,想让人们听见他们的声音。一个好老师能够倾听学生甚至尚未发出之声音——这样有一天学生才会能够真实而又自信地说话。

倾听学生尚未发出的声音意味着什么? 意味着不断地宽容他人,关注他人,关心他人,尊重他人;意味着不能匆忙地用我们可怕的言语去填塞学生的沉默,并且不要迫使他们说我们想听的话;意味着充满深情地走入学生的世界,以便他或她把你看成是能一直倾听他人真话的言而有信者。

"来自地狱的学生"的故事内含一个强烈、深刻的影像,是这种影像启示我们怎样去倾听学生说话:当年轻人真正在掌舵,有了发言权的时候,他就能够发现他的声音。当我在课堂上滔滔不绝地讲课的时候,他被动地坐在那里,被迫沉默。但是一旦他真正负有责任,照管我的日程和安全,他就有了发言权,并且言之有物。

随着我发现更多放手让学生做主的方法,我会鼓励他们中越来越多的人发现他们的声音,并说出他们自己的真心话。有能够帮助我这样做的方法,我将在本书的后面探讨它们。但是在我能够全面有效地运用这些方法之前,我必须理解我的学生心中的恐惧——还有我心中的恐惧。

教师内心的恐惧

为什么我们了解学生的真实状态会有如此多的困难? 为什么我们以一种会导致僵化的教学模式的可怕方式来诊断学生的状态呢? 为什么我们不能看到他们内心的恐惧并找到帮助他们克服的方法,而是责备他们的无知和平庸呢?

在某种层次上,答案是显而易见的:我们习惯的诊断方法容许我们靠责备受害者来忽视我们的弱点和无能。然而,我们对学生的恐惧视而不见还有更深层的原因。这个原因更令人畏缩不前:我们只有认清了我们自己的恐惧才能够洞察到学生的恐惧。当我们否认自己的状态的时候,我们就会抵制在别人身上看见的任何东西,这些东西能让我们知道我们真正是什么样的和我们到底怎么样了。

"客观地"看,很难相信我害怕上面说的那位年轻人——这论证了客观性的局限,"客观地"看,此时此地,我任教于中西部的一所小规模大学,很快就要离开,我已经获得请我来的人们的赞誉,我的生计靠他们。此时,我50岁出头,事业上处于鼎盛时期,我发现工作充实而有意义,幸福地拥有健康、家庭和朋友。此时此刻,我和一个20岁出头的孤僻年轻人面对面,他没有任何明显的强于我的力量——然而我是如此害怕他,以至于失去了方向,失去了教学的能力,失去了自我和自我价值的意识。

在没有防卫的情况下和亲密朋友在一起,教书的我们会承认许多的恐惧:我们的工作不受赏识,没有足够的报酬,在一个不错的早上突然发现我们选择了错误的职业,把我们的生命都耗费在琐事上,到最后感觉自己像骗子。但是我们还有另外一种自己极少识别的恐惧:我们对来自年轻人的评判的恐惧。

日复一日,年复一年,我们走进教室,看着年轻的面孔似乎粗鲁而诡秘地向你发出信号:"你是老朽了。不管你看重的是什么,我们可不看重——既然你不可能理解我们所看重的东西,我们就懒得费工夫去试图告诉你它们是什么。我们呆在这里只是被迫无奈。因此不管你要做什么,快点结束,好让我们继续自己的生活。"

我们有时候就是这样*解释*学生发出的信号,事实上,学生发出的经常是恐惧而非鄙夷的信号。我还没有学会解读这个信息,就草率地为太多学生派定"来自地狱的学生"的角色——而且直到我理解了我自己对于来自年轻人的评判的恐惧,我才会去学着解译它。

48

思考成人发展问题的埃里克森（Erikson, E.）认为我们在中年时会面临一个"停滞"还是"生成产出"[5]的选择。即使你是个年轻的教师，埃里克森的观点也是有用的，一旦你理解了教师是按几何学的速度变老，就会同意这个说法。我敢肯定大部分教师在29岁之前就进入了中年期！一个人每年秋季新学年开始返回工作岗位，觉得他的学生仍跟去年一般大，他的中年老早就提前到来了。

那些对学生如此恐惧的教师选择了停滞状态。他们把自己关在他们的资格、他们的讲台、他们的身份、他们的研究之内，不许别人接近。具有讽刺意味的是，这种对停滞的选择反映了一种教师与他所害怕的学生的分离：因受到惧怕的学生制约而彷徨的教师，惶恐地防范着他们的学生，这样就陷入了恐惧的恶性循环。

常见处于职业生涯中期的教师，用怀疑的态度来防备学生、教育和任何希望的迹象。当一个人曾经抱有的对教学的高期望受到经验的打击——或准确地说，因为不能正确理解已往的经验，提出了过高的期望，愤世嫉俗的态度就产生了。我总是被这种愤世嫉俗的强度所感动，因为我在它的背后感觉到了把这些教师引入教学殿堂的强烈希望。或许这些希望能够被重新点燃，因为强烈的希望依然存在：只要正确地理解它，这类愤世嫉俗可能包含了自我更新的种子。

按照埃里克森的说法，更新的途径是由生成产出力（generativity）而来的。生成产出力是一个可爱而准确的词，因为它表明了一个健康成年人自身认同的两个相互联系的方面。

一方面它意味着创造力。不管是在什么年纪，我们都可以对共同创造世界发挥促进作用，创造力就是指这样一种持续进行着的可能性。另一方面，它意味着一代又一代层出不穷，带着其蕴含的必然性：年长者培育年轻人，帮助年轻人寻求年长者看不见的未来前景。把这两个意思放在一起，产出力就成了"为年轻人服务的创造力"——一种年长者不仅为年轻人而且为他们自己的幸福尽职责的方式。

面对来自年轻人的肤浅评判，教师必须面向学生而不是掉头离开他们，实质上是说："我们之间存在很大的代沟，但是不管这沟有多宽多险,我都有责任跨过去——不仅因为你们在成长道路上需要我的帮助,而且因为我也需要你们的洞察力与活力来帮助我更新我自己的生命。"

关于我对"来自地狱的学生"的恐惧,我已经想了很多,它似乎有两部分。其中之一我希望有一天能够丢掉,而另一部分我希望一直带在身上。

我想要铲除的恐惧植根于我需要被年轻人喜爱——这种需要可能在教师中很常见,但却是一种会阻止我们很好地为学生服务的需要。这种恐惧是病态的。它使我去迎合学生,使我丢掉了我的尊严和我的方式,使我如此担心最后一排那个无精打采的学生不喜欢我,以至于没能对他和教室中其他所有人进行教学。

但是我希望永远别丢掉我恐惧的另一部分——当我没有与年轻人产生赋予教师生命力的亲密联系时所感到的恐惧。我希望永远不要遇到那种冷淡的学生,坐在教室最后一排,就好像他或她不存在一样:当"来自地狱的学生"不再与我相关,我的生活与世界也变得越来越脱离了。

反思我与"来自地狱的学生"相处的那段经历,我责备自己那天没能教好。但是,确实因为我在那个教室中做了一些事,使得那个年轻人几小时后接近我,倾诉出他所陷入的生活困境。就是我做的事把那个年轻人拉进一种关系中,在那里他能够讲出他的真实情况。

尽管我恐惧和无能,但我对生成关系的渴望,我对"不要分离"的呼唤,还是感召了他。有了这个实情,就容易宽恕自己没能关照好其他学生这一事实:我与一个学生相连的热情以某种方式到达了他那里,并且最终使他能够开口讲话,当他讲话的时候,他不仅在表达他自己的需要,而且也在表达我的需要——我与成长中的一代学生的生活保持联系的需要。

好的教学是对学生的一种亲切款待,而亲切的款待经常是主人比客人受益更多的行为。款待的概念出现在远古时代,那时候更容易看到这种互惠互利:在游牧文化中,一个人昨天提供给陌生人的食物与住

50

所，就是他希望明天从陌生人那里得到的。通过提供款待，一个人就参
与了所有人可依赖的社会结构的无穷尽再编织。这样，给客人的维持
生命的礼物变成了主人的希望。教学也是如此：教师对学生的亲切款
待产生一个更亲切地款待教师的世界。

教学中令人高兴的事情之一是它提供给我们的不断与年轻人相遇
的机会，但是任何在最后带给我们幸福的东西可能最初都像个祸害！
如果我们明白了我们会像学生害怕我们一样害怕他们，我们会更有可
能走过灾祸到达幸福——然后就会为了服务于年轻人的创造力而学会
解读他们的恐惧，学会解读我们自己的恐惧。

令我们恐惧的认识方式

有一个事实滋长了学生和教师们带入教室的个人恐惧，那就是教
育深深植根于恐惧的土壤。我心目中的恐惧土壤是我们很少提到的：
它是占支配地位的认识方式，这种认识方式被如此强大的傲慢所推动，
以至于人们很难看到在它背后的恐惧，除非人们能记起傲慢经常掩盖
着恐惧。

这种认识方式的形成源自我们对关于教育使命的两个核心问题的
回答：我们以何种方式获得知识？我们根据什么说我们的知识是真实
的？我们的回答可能在很大程度上是默认的，甚至是无意识的，但他们
总是表现在我们教和学的方式中。

如果我们认为真理是来自高高在上的某种权威，教室看起来就会
像是专制政府。如果我们认为真理是由个人突发奇想而确定的虚构故
事，教室看起来就会是无政府的混乱状态。如果我们认为真理产生于
相互问询的复杂过程，教室看起来就会像一个资源丰富、相辅相成的共
同体。我们关于认识的假设可以打开也可以关闭建立联系的能力。而
建立联系的能力正是良好的教学所依赖的基础。

支配着教育的这种认识方式在教师、他们的学科和他们的学生之

间制造出分裂,因为这种认识方式植根于恐惧之中。所谓客观主义的模式是这样描绘真理的:真理是只有通过把我们自己、把我们的身心与我们要认识的事物相分离才能获得的东西。

为什么呢? 因为如果我们离它太近,我们主观生命中不纯洁的成分会污染那个事物和与其相关的知识。不管"它"是什么——历史上的一个片断,大自然中的一种生物,伟大文学作品中的一段情节,或者人类行为中的一种现象——客观主义宣称我们只有保持距离才能真正地、很好地认识世界中的事物。在客观主义者看来,主观本身是最令人恐惧的敌人——一个装着信念、偏见和无知的潘多拉的盒子,一旦它的盖子弹开,这些东西就会扭曲我们的知识。我们靠完全依赖那些不会被主观欲求(或理论倡导)所影响的理由和事实、逻辑和资料,而保持潘多拉盒子密闭,在这个系统中,头脑和心智的角色不是把我们与世界联系起来,而是让我们远离世界,以免我们相关的知识被污染。

在客观主义者看来,主观可怕不仅因为它污染事物,而且因为它在那些事物和我们之间创造了联系——而且联系也具有污染性。当一个事物不再是一个客体,而成为充满活力的、与我们的生命互动的部分——不管它是一件艺术品、一个土生土长的民族,还是一个生态系统——它就可能开始控制我们了,使我们面对它产生偏见,这样对我们知识的纯度再次产生威胁。

所以,在恐惧的驱使下,客观主义阻止我们与外界事物建立联系。它的操作模式很简单:当我们与某事物保持距离时,它成为一个客体; 52
当它成为一个客体时,它就不再有生命;当它没有生命时,它就不能接触或改变我们,这样我们关于那个事物的知识就能保持纯洁。在客观主义者看来,在知者和已知事物之间任何要求主观介入的求知方式都是简单的、不可信的,甚至是危险的。把直觉当作非理性加以嘲笑,把真实感情当作多愁善感而不加理睬,把想象看作混乱的、难以控制的状态,给讲故事贴上个人化和无意义的标签。

这就是在学科排序中音乐、艺术和舞蹈处于底部而"硬"学科处于顶部的原因。也正因如此,每门"软"学科都有了一些不懈探索的实践者,他们更为客观:文学家不去探寻意义而去计算副词的数量;心理学家只顾分析人类行为的资料,好像人类除了如泡沫塑料般的有形物质外没有内在的生命。

多年前,怀特海(Whitehead, A. N.)曾指出,"无活力的观念"是高等教育的一大忧患,它使得师生的教和学的过程都死气沉沉。[6]但在客观主义看来,只有无活力的观念才是好的,就像研究者的不再拍打翅膀的捕获品蝴蝶一样,已经被氯仿处理,用别针固定住,装进盒子里制成标本。这种求知方式可能会使世界变得没有生气——但是,在它的倡议者们的眼里,那只是为了他们所谓的客观真理而付出的一点小小的代价。

我没有忘记,客观主义产生的原因部分是要把我们从鲁莽的主观主义罪恶中拯救出来。黑死病的受害者原本应该受益于这种客观知识:他们的苦难是由来自受感染的老鼠身上的跳蚤造成的,而不是因为触犯上帝引起的。无数妇女因被人诬称巫婆而死于火刑,这为主观主义的残忍提供了无声的证据。

客观主义打算把真理建立在更为坚实的基础上,而不是国君和牧师的随心所欲。对这一点,我们可以心存感激。但是历史充满了讽刺,其中之一是,客观主义方法滋养了罪恶的新版本,而这些罪恶跟他们试图纠正的罪恶一样。我马上想到两个例子:现代独裁政治的兴起和当代战争的特性。

可以举出的一个很好的实例是,试图使人们从主观武断力量的控制下解脱出来的客观主义,有时候与其他的力量共同起作用,把现代人送入极权主义的控制之下。当人们相信所有的问题都可能有客观答案时,当乐意提供这些答案的专家们出现时,人们便开始不信任自己的知识而去权威那里寻找真理。这样,舞台就是为这些"权威"设置的:他们用一个行政议程在社会岌岌可危的时刻攫取权力,并宣称:"只有我知道能够拯救你的真理! 集合起来,跟我走。"

残暴的现代战争是客观主义横行的另一个产物,就像焚烧巫婆的残酷举动是疯狂的主观主义的结果一样。很多美国人认为海湾战争是可以接受的,甚至是受欢迎的,因为战争采用的技术可以使我们对遥远

53

的人施加暴力，而这个距离足以保证我们自身的安全。我们在海湾战争中杀死了成千上万的伊拉克人，但是我们看到的全是模糊的被摧毁的形象，全国上下的人都为出现在电视中的这些形象喝彩，我们为了远距离的屠杀能力而如此高兴。

把它与越南战争相比——在越南战争中我们被迫近距离地、主观地战斗，与客观的波斯湾战争相比，这场战争在美国人民中相当不受欢迎。在越南战争中，我们的战士与敌人面对面，我们的平民与五万美国人的死亡面对面，我们陷入一个全国性的罪恶与悲痛的深渊。当布什总统宣布我们在波斯湾的胜利使我们终于能够"踢开越南综合征"的时候，他是在庆祝客观主义的分离相对于主观主义近距离接触的胜利。

为什么客观主义会和极权主义、和暴力同流合污呢？从一开始冲动的客观主义就不仅仅是要探寻真理：主观主义曾使得前现代的世界变得危险，客观主义是在恐惧驱使下对这种主观主义的过度杀伤。客观主义永远不满足于为了阻止主观主义的扩散而对它进行的检疫隔离。客观主义的目标在于消除"自我"的发端以保护客观真理——就像独裁者消除反对者以保证"公共秩序"一样，就像战士杀死敌人以保障"和平"一样。

"消灭自我"不是我所发明的概念。实际上我们可以在客观主义著作的核心部分找到它。一个世纪前，客观主义处于它的鼎盛阶段时，哲学家皮尔逊（Pearson, K.）写了一本很有影响的书——《科学的语法》，在这本书中他举了一个客观主义知识的经典案例，并认为"依据不带个人情感偏见的事实形成判断的习惯是科学的思想框架的特征"。[7]

遗憾的是，为皮尔逊的经典案例伴唱的却是经典的弗洛伊德式失言："科学人士最为重要的事就是在他的判断中努力消除自我。"[8]可能有人认为这只是玩弄模糊的辞藻，但我认为这是预言：在皮尔逊写作后的一百年里，当一个学生问他能否在自传中用"我"时，客观主义已经相当成功地实现了它消除自我的目标。

我反对客观主义基于以下这一点：对认识自我和已知事物都充满恐惧的客观主义，使自我与世界的关系疏远，使我们与我们的学科、我

54

们的学生和我们自己的关系变形。但还有一个更有说服力的事实反对这种认识方式:这种认识方式不能够令人信服地说明认识过程实际上是如何发生的,即使对科学本身的核心内容也是如此。

没有科学家是通过跟世界保持距离、离开世界来认识世界的:如果我们总是在求知者与已知事物间修建那堵客观主义的墙,那么我们除了那堵墙本身以外将一无所知。科学要求与世界的接触,要求求知者与已知事物真实的相遇。这种相遇有保持距离的时候,但也有亲密无间的时候。

任何一种认识都是形成某种联系,都是依靠与我们认识的事物形成更深交融的愿望而生气勃勃。为什么一个史学家要研究"死的"过去? 是为了揭示它在当今还有多大生命力。为什么一个生物学家要研究"沉默"的自然世界? 是为了让我们能够倾听它的声音,这个声音在讲述我们如何被环抱于生态系统中。为什么文学学者要研究"虚构"的世界? 是为了向我们表明只有与想象沟通才能理解那些事实。

认识就是我们如何与未及的他者建立关系,与那些缺乏知识结构联系而逃避我们的现实建立联系。认识是人们寻找联系的一种方式,在这个过程中会有相遇和交融,这些相遇和交融会不可避免地改变我们。在最深层次,认识总是共同分享、相互联系的。

生物学家麦克林托克(McClintock, B.)现在仍很著名的故事点明了这个事实:我们通过与世界连接而不是通过与它割裂来获得知识。于 1992 年去世、享年 90 岁的麦克林托克在她工作生涯的早期就被基因转位的奥秘吸引住了。虽然她的研究曾被当作疯狂的异端而不加理睬,但她仍然从事这个工作,她的发现改变了现代遗传学图景,她荣获了 1983 年的诺贝尔奖。

麦克林托克没有把她的主观客观化,她没有按照教科书的意见把基因材料分析为资料片断,而是在这样一个假设的基础上对它进行处理:把它当作一个共生现象(communal phenomenon)能够最好地了解它。就像一位作者所说的,麦克林托克"承认了活的有机体中的基因比任何人所认为的更加复杂、更加相互依赖,在此基础上产生了至关重要

55

的发现。观察基因在它们的环境中如何运转、而不仅仅把它们看作孤立的实体，这样她发现有些基因能够在染色体上四处移动"。[9]

当凯勒(Keller, E. F.)为了写麦克林托克的传记而采访她的时候，还明确了一点：麦克林托克工作中共生的假设远超出了基因间的联系，它还包括了基因和研究它们的科学家之间的联系。

凯勒想知道："是什么使麦克林托克在基因的奥秘问题上比她的同事看得更深远？"凯勒告诉我们，麦克林托克的回答很简单："她再三地告诉我们一个人必须有时间去看，有耐心去'听那些材料有什么要告诉你'，有开放的胸襟'让它走近你'。最重要的是，一个人必须有'体谅有机体的情怀'。"[10]

当然，麦克林托克的科学研究也因精确的分析思考和完善的资料而出色；没有这些一个人是不能获得诺贝尔奖的。但是资料、逻辑和它们所带来的分离只是伟大科学悖论之一极。按说，麦克林托克是我们这个世纪最伟大的生物学家，当人们要求她指出其认识过程的核心时，她毫不例外地用到了关系、连接、交融等词语。就像一个评论家指出的那样，麦克林托克"把自己的感情移入她的玉米中，使自己沉浸于它们的世界，消解了客体和观察者之间的界限，这样，她获得了有价值的知识"。[11]

凯勒把麦克林托克的才华，也是所有伟大的求知过程中的才华总结为一句简单明了的话：麦克林托克在与玉米的联系中，达到了"最高形式的爱，允许差异与亲密共存的爱"。[12]

这些醒目的词语不仅描述了麦克林托克的科学研究的实质，而且刻画了每一种真实关系的实质，这些关系可能是一个人与历史、与自然、与其他人或有灵万物之间的。它们描述了一种认识和生活的方式，这种方式超越了对他者的恐惧，而进入了对他者的尊重甚至是需要之中。

驱动客观主义的真正议程不是讲出关于求知的真理，而是支持我们自我吹捧的神话：知识就是力量，有了知识我们就能管理世界。人们经常为了否认他们的恐惧而说谎；客观主义在我们的知识和我们的力量两方面都在说谎，企图回避摆在我们眼前的可悲证据：我们在毁坏而非管理世界。

56

现代知识使得我们能够操作世界,而不是主宰它的命运(更不用说我们自己的命运了),这是伴随着生态系统的消失和我们人类系统的衰退而一天比一天更清楚的事实。确实,通过切断我们与世界的联系,客观主义把我们引入与现实如此不和谐的行动中,以至于如果我们还不悬崖勒马,继续这样干,灾难看来就不可避免了。客观主义不仅远远解答不了我们如何认识的真相,而且是一个神话,一个意在继续维持我们关于科学、技术、力量和控制的日渐破灭的幻想神话。

如果我们敢于走出我们的恐惧,把认识作为一种爱的形式,我们就可能放弃我们控制的幻想,而与世间万物形成伙伴关系。通过找到我们在现实的生态系统中的位置,对于哪些行动赋予生命活力,哪些行动不能,我们可能会看得更清楚。在这个过程中,我们会更充分地关怀、参与我们自己的命运和世界的命运,而不是受控制欲望的驱动去行动。这种联系性的认识方式——其中爱取代了恐惧、共同创造取代了控制——是一种可以帮我们恢复相互联系能力的认识方式,而相互联系的能力是良好的教学所依赖的基础。

不 要 害 怕

恐惧无处不在,它存在于我们的文化中、存在于我们的制度中、存在于我们的学生中、存在于我们自身,它把我们与一切阻隔开。被恐惧包围和侵害的我们,为了教与学的目的,如何才能超越它并重新与现实建立联系呢? 我所知道的、能把我们引向重建联系方向的惟一途径,是标明为"精神的"的东西。

恐惧对人类的状态有着如此根本的作用,以至于所有伟大的精神传统都起源于这样的努力:克服恐惧在我们生活中的影响。换句话说,它们都在强调同样的核心教旨:"不要害怕。"尽管这些传统教旨使我们超越恐惧的方式各不相同,但都坚持同样的希望:我们能够摆脱恐惧造成的无能为力的状态而进入福地,在这里与他者的邂逅不再是对我们的威胁，而会丰富我们的工作和生活。

细心留意这个核心教旨所表达的确切含义很重要。"不要害怕"不是说我们不应该有恐惧，如果它是这个意思的话，我们就会把它当作华而不实的告诫而不屑一顾。它不是说我们不该有恐惧，而是说我们不**必置身心**于我们的恐惧之中，两者是截然不同的论点。

当我是个年轻教师的时候，我热切地盼望这么一天：我对教学了如指掌，我如此称职、如此有经验、如此有力量，所以我走进任何教室的时候都不再有害怕的感觉。可是现在，我年近60岁啦，我才明白那一天永远不会到来。我总会有恐惧，但我不必置身心于我的恐惧之中——因为在我的内心世界景观中还有我表达和行动的天地。

每次走进教室，我都能够从我的内心世界景观中选择我教学的天地，就像我也能从学生的内心世界景观中选择会达到我的教学目标的教学天地一样。我不必在恐惧中进行教学：我可以在好奇、希望、同感或诚实这些与我内心的恐惧一样真实的感受中教学。我可以有恐惧，但我不必置身心于恐惧之中——只要我愿意立足于我内心世界景观中的其他天地而教学。

我们渴望有多姿多彩的景点供我们安身立命，我所知道的、对这种渴望最好的描写莫过于本书序言开篇引用的里尔克的诗歌了：

> 啊，别分离，
> 亲密无间，
> 与繁星相聚在天际。
> 何为心，
> 若非与繁星聚一起？
> 与众鸟齐飞，
> 乘风，驾云，
> 齐归。[13]

"分离"是我们习惯的生存状态。但是在我们的内心不断地有对联系的渴望，是一种渴望，强烈的渴望，对我们的心灵和远方的星辰、我们自身和世界的他者亲密无间地生活这一状态的渴望。我们向往与他者联系为共同体，因为我们知道，依靠这个共同体，我们在生活中会感觉更自在，相互间不再陌生，地球上不再有异乡人。

但是里尔克所说的"齐归"意在返回精神家园，有两个特性使这里的家与我们传统的对家的想象有很大区别。首先，它是内在的，不是外在的。这个家不是我们能够拥有的地方——而且，我们也不会被它拒绝，它也不会被偷走。不管我们在哪里，不管我们处于什么状况，不管我们面前有多少障碍，我们总能简单地通过内心世界的转变返回精神家园。

其次，当我们的内心世界转变后，我们所找到的家园不是一个封闭的、狭隘的地方，不是一个我们可以躲藏、既看不到外界也不被外界看到的地方。相反的，这个家就像天空一样开放和广阔。我们聚居同一家园，可以容纳不同的思想和想法不同的人们。我们置身于兼容"我"之小天地和所有"非我"之广袤宇宙的地方，自由自在。在这个精神家园里，我们不把自己看作是受到他者威胁的孤立的"原子"，而是把自己整合为伟大生命网络的一部分。在这种认识中，我们超越了恐惧，走向整体。

在回答"我们如何才能超越破坏联系的恐惧"这个问题时，我说："恢复消除恐惧的联系。"我能意识到我论证中的循环性——但精神生活就是这样的，在无始无终的圆环中运动。就像艾略特（Eliot, T. S.）写的那样，我们"到达了出发的地方然后才第一次认识它"。[14]惟一的问题是我们选择站在哪里，是在圆环的外边还是在里边。

我们是如何进入那个圆环的？恐惧使我们保持分离状态，当我们被这种恐惧牢牢抓住的时候，是什么能够促使我们去与别人拉起手呢？事实是那个圆环已经存在于我们之中。

在人类的精神世界中，明显相对的东西总是在圆环中相互追逐：爱和恨，笑和哭，恐惧和渴望。我们惧怕联系及其所带来的挑战，又渴望联系及其所带来的舒适。惧怕与渴望的情绪相互依随，同样强烈。我们付出了种种努力，通过切断联系来保护自己。由于对这种努力的惧怕，人类的灵魂在不断地呼唤联系："啊，别分离……"通过把我们自己沉浸在这呼唤中——这呼唤正徘徊在我们恐惧的前前后后——我们就能够进入那个本来就存在于我们之中的圆环。

有时候,所有这些需要的只是简单的一步。在一个由有经验的从幼儿园到十二年级的教师组成的、与我一起工作两年的小组中,有一位中学职业技术教师,他身高 6 英尺 6 英寸,体重 240 磅,身体强壮,声音低沉。从来没人相信这样的男人也会害怕,连他自己也不相信。有好几年,他所在学校的校长一直要求他去一所暑期技术学院进修。那位校长说职业技术课程必须现代化,而且要快,否则学生们会落后,迷失于过时的东西。

"胡说。"这位无畏的教师这样回答。那所暑期技术学院提供的技术可能只是一种流行的时尚。即使不是,中学生需要学的是基础的东西——运用材料和工具的实际操作。以后会有足够的时间对他们的技术进行精致的改进。

这个职业技术教师与他的校长因要求与拒绝而陷入了令人沮丧的、彼此激怒对方的循环。他们的关系变得敌对、不自然。当这个职业技术教师参加我们小组的时候,这个问题沉重地压在他心上。

有一天,这个职业技术教师来参加小组聚会,他告诉我们那个循环已经被打破了。他的校长把他叫过去再一次说明他的要求。这一次,这位教师没有争辩传统职业技术课程的价值,而是看着他的校长说:"我仍然不想去那里进修,但我现在知道原因了。我害怕——害怕我不能理解它,害怕我的领域与我形同陌路,害怕作为教师的我成了过时的人。"

有一段时间的沉默,然后校长开口了。"我也害怕,"他说,"我们一起去那里进修吧。"他们去了,而且重新获得并加深了他们之间的友谊。这位教师感觉到,在使这个课程现代化和使他的职业才能获得新生方面,他正在取得进步。

这位教师的突破不是要直接介入采用新的教学技术,它根本不是要直接介入**做**任何**事**。他的突破是进入了一种新的**生存**方式,是进入到一种意识状态:他可以有恐惧而不必置身心于恐惧中——他的言行可以以真诚对待存在的恐惧为出发点,而不是以恐惧本身为出发点。

这位职业技术教师尊重了来自他内心的一种渴望,这渴望恰恰环绕在他的恐惧的前前后后,这就是不要切断他与他的校长、与他的学生、与他的工作世界、与他的教师心灵之间联系的渴望。有时候,超越恐惧的方式就是这么简单。

注释

[1] William Stafford, "Lit Instructor," in *Traveling Through the Dark* (New York: HarperCollins, 1962), pp. 77—78. Reprinted by permission of the Estate of William Stafford.

[2] Albert Camus, *Notebooks, 1935—1942* (New York: Marlowe, 1996), p. 13.

[3] Camus, *Notebooks*, pp. 13—14.

[4] Nelle Morton, *The Journey Is Home* (Boston: Beacon Press, 1985), pp. 55—56.

[5] Erik H. Erikson, *Identity and the Life Cycle* (New York: Norton, 1964).

[6] Alfred North Whitehead, *The Aims of Education* (New York: New American Library/Mentor Books, 1961), p. 13.

[7] Karl Pearson, *The Grammar of Science* (London: Dent, 1937), p. 11. My thanks to Mark Schwehn, dean of Christ College at Valparaiso University, for alerting me to this source.

[8] Pearson, *The Grammar of Science*, p. 11.

[9] Sue V. Rosser, "The Gender Equation," *Sciences*, Sept. -Oct. 1992, p. 46.

[10] Evelyn Fox Keller, *A Feeling for the Organism: The Life and Work of Barbara McClintock* (New York: Freeman, 1983), p. 198.

[11] Rosser, "The Gender Equation," p. 46.

[12] Evelyn Fox Keller, *Reflections on Gender and Science* (New Haven, Conn.: Yale University Press, 1985), p. 164.

[13] Stephen Mitchell (ed.), "Ah, Not to Be Cut Off," in *Ahead of All Parting: The Selected Poetry and Prose of Rainer Maria Rilke* (New York: Modern Library, 1995), p. 191.

[14] T. S. Eliot, "Little Gidding," in *T. S. Eliot: The Complete Poems and Plays, 1909—1950* (Orlando, Fla.: Harcourt Brace, 1958), p. 145.

第三章　潜藏的整体

——教与学的悖论

> 一切可见的事物，
> 都蕴藏着：
> 看不见的富足，
> 黯淡了的光，
> 谦恭的无名，
> 隐性的完整。
> 这神妙谐美的凝聚和完整，
> 是智慧、是万物之母，
> 是创造万物之灵！①
>
> ——默顿(Merton, T.),《索菲娅》[1]

全面认识世界

　　破坏教与学的分离文化在一定程度上受恐惧的驱使，但也是受我们西方信奉的极端思维方式的驱策。这种思维方式将分离提升到了理

---

　　① 此诗为邓凡初译,杨秀玲博士润饰、审校。

智美德的高度,在我们的文化中是如此根深蒂固,以至于我们就算试图想摆脱也难以摆脱掉。我自己的言论会证明这一点。

在前几章里,我尝试纠正我们对待教学的一些不平衡。为了更正我们对教学技术的过分重视,我强调教师的自身认同和自身完整。为了纠正我们对于客观知识的痴迷,我强调主观契合。为了纠正我们对智力过多的关注,我重视情感对于禁锢或解放思维的重要性。

我的目的是为了获得重新平衡的尺度。但是,在走极端的文化中,如果不抨击反方的尺度,是很难达成平衡的。由于我为被忽视的一方争辩,可能被人误解成是这样一种人:他宽恕低劣教学技术并为其找开脱的理由,怂恿教师只要"成为他们自己";他不相信有真理标准,只讲"你想是什么就是什么";他不管你的思想内容是什么,只要你"分享你的感受"。

很明显(天晓得!),这是对我所说的话的歪曲。可是,我们从来都是这样歪曲事物的,因为我们已经习惯了既不去表达事物的两面,也不用两只耳朵来倾听。这一问题比竞争性交谈的坏习惯更加严重。我们中一些人惯于这样:告诉我你那方的观点,我就可以找到任何方式,管它公平不公平,就以反方的立场跟你争论。这种坏习惯根植于这一事实:我们通过分析透镜看待这个世界。我们用非此即彼的观点看待每一件事情。不是加就是减、不是开就是关、不是黑就是白;而且我们把现实分离,陷入了一个无止境的非此即彼的争论中。简而言之,我们分离地认识世界。

分离地认识世界,跟远距离地认识世界一样,都曾经给我们以巨大的力量。我既尊重理解正确的客观力量,也尊重合理定位的分析力量。在本书中我就用了分析的工具去形成我的论题,我写作的机器就是无数的非此即彼的思维所驱动的产物,如果没有二元的逻辑,我们就既不会有计算机,也不会拥有现代科学送给我们的许多礼物。

非此即彼的思维方式虽然在科技领域赋予我们力量,但也给了我们一个支离破碎的现实观,摧毁了生活的完整和奇妙。当把这种非此即彼的思维方式滥用到人类长期面对的非逻辑所能及的问题领域时,即使这种认识方式在误导和背叛我们,但它差不多在每一个领域都成为规范,这就使我们的问题更加复杂了。

我们怎么样才能摆脱非此即彼思维方式的控制呢? 怎样才是"全面地看待事物",不是放弃那些曾有益于我们的、有辨别力的逻辑,而是去发展一个更广阔的、支持着优秀教学所依赖的联系能力的心智习性呢?

诺贝尔奖获得者、物理学家博尔(Bohr, N.)提出一个基本原理:"与真命题相反的是假命题,但是与一个深刻真理相对立的,可能是另一个深刻的真理。"[2]我试图以此命题为基础建构我的理论。

博尔以极为恰当的话语,界定了对整体地思考世界很重要的悖论概念:在一定的情况下,发现真理不是靠非此即彼地割裂世界,而是靠既此既彼地拥抱世界;在一定的情况下,真理是表面对立事物的似非而是的联系。如果我们想认识那一真理,我们必须学会把对立事物作为整体来接受。

正如博尔所指出的,在经验主义的世界里,在对与错之间一定要依据事实和理智作出抉择。如果我们面前的问题是去识别一棵特定的树是橡树还是枫树,我们能够以十足的信心验证它的系谱。它绝不可能既是橡树又是枫树,某些根据经验做事的人就可以揭示出它属于何种树了。

但是,博尔也同样肯定了另一认识领域的存在,这就是深刻的真理领域。在这一领域里,分离的逻辑会误导我们。如果我们想了解什么是本质的,我们就必须放弃那种割裂地、片面地思考问题的方式,重新开始全面地思考问题。

深刻的真理——而非经验主义的事实——才是构成悖论的原料。但是深刻的不一定是异己的或深奥难懂的。我们每天都遇到似非而是的深刻真理,仅仅因为我们是人,因为我们自身就是个悖论。事实上,呼吸本身就是一种悖论的形式,它需要不断地吸和呼来构成整体。

本书的前两章都是只能被表述为悖论式的有关教学的普通原理:

- 我从30年教学生涯中获得的知识,就是每一节新课开始,我都觉得自己还是个新手。

● 我的内在的、隐形的自身认同感,也只有在与外部可见的"他者"相遇,从而证明其自身时,才被人知晓,甚至被我自己所认识。

● 好的教学来自自身认同而不是教学技术,但是如果允许我的自身认同指引我完成一个完整的技巧,那么技巧能够帮助我更充分地表达我的自身认同。

● 教学总是发生在个人与公众交汇的地方,而且如果我想要做好教学,我必须学会站在对立事物的交汇点。

● 智力工作伴随感情同时存在,所以如果希望开启学生的思想,我必须同时开启他们的情感。

在这些真实的悖论关系中,没有一样可以用简单的非此即彼的方式进行教学。然而在学术文化里,我们仍然竭力地这样非此即彼。当我与全体教员谈论起学生们把恐惧带入教室的事,谈到这种恐惧是怎样麻痹了他们的学习能力时,通常一些批评家就会说:"因此,你就希望我们不做教授,而是成为临床治疗专家?"

不,那并不是我所期望的。我所期望的是比二元的思维所允许的更丰富的、更似非而是的教与学的模式,一种揭示了思维与感情的悖论如何被契合的模式——不管悖论是否会令我们感觉不自在。

上述批评家评论的潜台词是:我们被训练得没有能力把我们的学生和我们自己的心灵、思想视为一个整体。作为教授和作为治疗专家这两者不能被分离地看待。当一个人是健康的、完整的,他的头脑和心灵就是一个整体,而不是非此即彼,互相分离,在教学中尊重这种对立的统一可能促使我们更完整。

当事物陷于分离

我们是带着对立统一的本能来到这个世界的,分离地认识事物是通过后天的训练学会的。观察一个幼儿一天的生活,你会看到活动和休息、思考和感觉、流泪和欢笑是怎样成了他亲密的不可分离的伙伴。

在一个小孩子身上，对立面伴随着动物性的呼出与吸入的运动而彼此融合，联手活动，但是对悖论的接受不久就被轰走，在尚未成人的人生旅途的早期阶段，我们所受到的教育是：生存依赖于我们肢解生活并辨别其中各部分的能力。

区分的能力是很重要的——但是只能在不会让我们陷入困境的时候区分。一个小孩必须学会区分冷与热以防止受伤害；区分对与错以防止伤害他人。但是，在区分会使我们陷入困境的领域时——当我们步入成年，在思维与情感、自我与专业、阴暗与光明之间进行区分而陷入各种困境时，同样重要的是我们必须保持、恢复这种接受悖论的能力。

我们如此本能地分裂悖论，以至于我们无法理解为习惯所付出的 65
代价。悖论的两极与电池的两极相似：把它们组合在一起，它们就会产生生活的能量；把它们分离，电流就会停止流动。当我们分离了生活当中涵义深刻的相对立的实体中的任何一方，实体双方本身都会变为没有生气的幽灵——我们也会变得毫无生气。分解一种生活的悖论同样会影响到我们的智力、情感、精神的幸福，就像只吸气不呼气会影响我们的身体健康一样。

想想我们既要和群体在一起，也要独处的自相矛盾的需要吧。人类本性就适合于建立各种关系。没有一个丰富的、滋养我们的关系网，我们就会枯萎、死亡。我不是在打比方。缺乏关系的人比被家庭、朋友环绕的人更容易得病，而且恢复得更慢，这是经过临床证实的。

与此同时，我们的天性也需要独处。在各种关系中我们的生活可能是丰富充实的，但是人的内心保留着封存的秘密，没有其他人可以进入或者了解。如果我们未能拥抱我们最终的孤独，而只是在与其他人的交流中找寻生活的意义，我们就会枯萎、死亡。他人的导向在某些生活阶段以某种角色出现可能对我们很有用，但是，我们向内心隐秘的本质探索越深，就越熟知我们必不可少的孤独而处之泰然，以保持我们的身心健康、完整。

我们对孤独和集体的需求是一样的,这两种需求彼此对立,构成了一对很大的矛盾,一旦被拆开分离,原本都赋予生命活力的两种存在状态就蜕变为它们自身的亡魂。与群体相分离的孤独不再是丰富的、有满足感的内在体验,而是变成了寂寞,一种可怕的与世隔绝。与孤独相脱离的群体也不再能滋养一种关系网,而是变成乌合之众,变成聚集了很多人、发出众多噪音的疏离的人群。

正如潘霍华(Bonhoeffer, D.)所言,"让不能承受孤独的人提防群体;让不合群的人提防孤独"。[3]在一种把一对矛盾相分离的文化中,许多人对于孤独与群体之间那丰富的辩证关系一无所知;他们仅仅知道日复一日地挣扎于寂寞与人群之间。

我们甚至还有训练人格的技术使这种挣扎更激烈! 我正在思考我们自己正在使用或者误用的、把我们自己区分为不同的人格"类型"的心理学测验。我是"内向型的"还是"外向型的","自我定向型的"还是"他人定向型的","直觉型的"还是"感觉型的","适合群体型的"还是"适合竞争型的"呢? 我们把自己放在了非此即彼的盒子当中,或者被其他人放在那里,却未能认同人类自身的辩证的本性。

我们所认识的教育世界充满了被分离的悖论——还有毫无生命的结果:

- 我们把头脑和心灵分离,其结果是:头脑不知道如何去感知,而心灵不知道如何去思考。
- 我们把事实与感觉分离,其结果是:如今使世界冷漠和疏远的冷酷事实和把事实降低成跟着感觉走的盲目情感。
- 我们把理论和实践分离,其结果是:理论跟生活无关,而实践也未得益于理论。
- 我们把教与学分离,其结果是:老师只说不听,学生只听不说。

辩证式的思考需要我们接受与对立面相联系的世界观,以便我们能够清晰完整地看待世界。这一观点既不带有冷眼旁观的现实主义特征,也不带有天真的浪漫主义特征,而是两者创造性的综合。

结果是,相比于由非此即彼的思考方式所塑造的简单——一种造

66

成毁灭性迟钝的简单，世界要更复杂和更易混淆。当我们整体地思考世界，我们在世界中开拓了生命力，也在我们的学生和我们自己身上开拓了生命力。

自我的局限和潜能

悖论原理不仅仅是一种抽象的认识方式。它是一面透镜，透过它，我们可以对促成优良教学的个性与人格有更多的认识。

在教师工作坊中，我请全体教师通过悖论的透镜观察他们自己的课堂教学实践。我请每位教师写一篇短文，简要描述最近的两个教学片断：一个片断是课上得如此精彩以至于你认为你天生就适合教学；而另一个片断是课上得如此糟糕，以至于你希望你根本没降生到这个世界上。

铭记这些片断是探索真实的教与学的悖论的第一步：同一个人可能第一天上课很精彩，第二天却教得一败涂地！尽管我们通常都是以一种宿命论的、自嘲的方式接受这种悖论，但在这种练习当中，我们要求把它作为认识自己的源泉来认真对待。

接下来，我请老师们分成三人一组，集中讨论正面的例子，协助每组成员挨个找出他（她）的才干和强项——也就是说，成功的课例是真实的学习经验，让老师从成功的课例中找出自身的有助成功的长处和能力。

正像我打算尝试的那样，以书面的形式进行这种练习并不像面对面地进行交流那样动人。我希望你和几个同事一起尝试一下，不为别的，只因这样做能为老师们提供彼此认可的机会，而这种机会是很少有的。这个练习不仅帮助我们把自己当作悖论来理解，而且也同样能够加深同事间共同合作的感觉。

这里有一个我自己教学经验的片断，那时我在阿巴拉契亚的一个小学院，这个学院的同学们基本上都来自于经济萧条的地区：

在下午一点的四年级研讨班上,我们阅读了贝拉(Bellah, R.)和他的同事合写的《心灵的习性》一书,[4]在阅读这本书之前,我已经在课堂上概述了其要点。这次阅读我想要大家理解这本书的主旨,即表现个人主义已经取代了群体和传统这一现实——这一论点很大程度上是根据北部城市的数据得出的,我也想用阿巴拉契亚学生们的经验来验证这一论点。

我要求他们:首先在小组中,由焦点问题引导,然后在大组中,由我来引导——去探索他们已经被教授的,以及他们确信的"自由"(这是在《心灵的习性》一书中探索的个人主义的关键要素之一),尤其是"摆脱……获得自由"和"做……的自由"的问题。小组讨论看上去非常活跃,而在大组当中,超过四分之三的学生参与了一场坦率而生动的讨论。

他们大多数都讲述了同一种情形:对"摆脱……获得自由"的问题,他们希望摆脱诸如不健康的家庭联系、狭隘的宗教信仰,以及有偏见的团体等而获得自由。关于"做……的自由"的问题,他们希望有成为他们自己的自由,有为他们自身作选择、表达他们自己、甚至"自私"的自由。他们的评论似乎跟《心灵的习性》的主旨完全吻合——然而我觉察到,他们生活中有更多的东西,非他们能够或愿意说清楚的。

然后,其中一个学生——一位颇受欢迎的年轻人,以宗教信仰和仁慈的精神而著称于校园——找了个理由来讲述(我没有记住是什么理由)一件事:他在那一学期初曾经被错误逮捕,警方说他贩毒,其实是弄错身份抓错人。由于他的为人,再加上那令人啼笑皆非的逮捕,故事非常滑稽,人人捧腹大笑,最后我提出了一个问题:"你怎么不去告警察局抓错人?说不定你一下子发财了!"

当这个学生解释的时候,整个教室都静下来。他说,他决不会去控告,他只是为他弄错的身份最终给澄清了而感到庆幸。然后,他为警察局辩解道:"每一个人都会犯错误的。"几乎所有学生立刻表明,他们都赞同他的道德立场。

68

对这一探究，我穷追不舍："让我们真实地剖析一下你。你说你认同个人主义和利己主义，但是在内心、在这一切表象的后面你有如此强烈的群体成员意识，情愿原谅警察局所犯的错误，而不想法从中捞钱。《心灵的习性》的作者所提到的利己主义观点被群体观念所感化。如果你是典型的个人主义者，那天晚上你就会雇佣一个律师，而且在第二天早上就会提出指控。"

讨论当中，班级的成员们看起来都感到这是有趣而富真知灼见的，而且他们同意个人主义和集体主义的这种混合是对他们很好的描述。我深有感触地总结道，我们一起完成了两件事情：更深入地理解了这本书和更深入地认识了学员们的生活。我还意识到了下一步该努力探索什么：为什么他们宣称自己是个人主义者，实际上却本能地实施集体主义行为？

我究竟拥有哪些才能帮助我实现上述过程？在这里，回答这一问题看上去可能有一点自我表功。我仅请求你在读了我的第二个例子之后再进行判断。其后就会清楚地看到，这一切不是归功于我，而是归功于我的才能！

下面就是其他老师在工作坊中听完我的例子后认为我拥有的能力和强项：

● 在计划和引导课堂两方面都具有灵活地把组织结构与意图结合起来的能力：在阐明我的目的的同时又开放地接纳各种达到目的的方式。

● 让我的学生彻底了解我分派的素材，并承诺我也会帮助他们掌握素材。

● 我有诚意帮助学生在学术性文本和他们自己的生活之间建立起一座桥梁，并为达到这一目的探讨策略。

● 对学生们的故事和我分派的学术性文本同等地尊重。

● 我具有比学生自己更加清晰地认清他们生活的能力，有超越他们最初的自我陈述看清事物的能力，还有一种帮助他们更加深入地看清他们自己的渴望。

● 提出好的问题以及仔细倾听学生反映的才能——不仅对他们所说的,而且对他们忘记说的都能够作出反应。

● 愿意冒险,尤其是愿冒开放性对话的风险,尽管我根本不知道这种开放性对话将把我们带向何方。

得到如此的肯定,就好像得到这种信息:这些就是足以使我受欢迎的原因。但是引起这种效果的还有另外两个重要原因。首先,意识到我们的才干和能力可能帮助我们更始终如一地出自我们的自身认同和自身完整来进行教学。对于我们当中的许多人来说,承认我们的能力是困难的,或者是因为我们的谦虚,或者是因为不愿冒"枪打出头鸟"的风险。但是当我们注入教学中的能力没有被认识到,而且不受尊重时,我们就很容易倒回到占主流的教学中去,即使这种教学几乎不能和我们本来是什么样的特性相联系。第二,我们需要消除恐惧、恢复信心去进行下一步工作——跟别人一起来反省。此时我们的教学变得令人痛苦、毫无乐趣。面对失败总是难受的,但是有了我们的才能和强项的背景支撑,这一切就变得容易了。甚至可以很有收获,希望正如一会儿我将展示给你们看的那样:我们利用对矛盾事物的认识,把一连串的失败转化为对自身认同的更深入理解,而自身认同是优秀教学之源泉。

现在说我的第二个例子。它来自同一所学院,同一个学期,而且是同一课程,但不是同一节课——这正好验证了这一真理:你不可能两次踏入同样的河流之中!

对于我下午三点的四年级研究课,从一开始我就有不安的感觉:有相当多的学生对我们正在做的事情表现了一种怀疑、冷漠的态度,抱定了要得过且过的态度。无论我怎样努力,他们全部的情感状况都似乎是从无聊到闷闷不乐再到沉默,每况愈下。

特别是三个女孩做出初中生的行为,来回传纸条,完全不理会我派发的讨论材料,无论我讲课还是讨论,她们只顾聊天,面对我和其他同学的批评只是滴溜溜地转动眼睛,或做些类似的小动作。

70

整堂课都让我烦恼,这三位成了我的眼中钉。

几节课以后,我对全班说,我不满意课堂状况,我指出我感觉分散上课注意力的行为,请大家告诉我,我需要做什么改变,如果不需要我改变,那么大家就参与、投入到我们正在进行的活动中。没有人就改变提任何建议,而随着时间的推移,有些学生勉强地较多参与到课堂活动中,但"三人帮"继续我行我素。

一天下午我正巧在校园里遇上她们,就和她们面对面顶起来了,用"顶起来"描述我说话时的愤怒并不过分,她们回应我的是告知我三件事情:(1) 我不该"如此针对个人地上课";(2) 我犯的错误是强行不同意她们中的一位在班上说的某些事而惹得她发怒;(3) 她们是毕业班学生,厌倦了学院的必修课,我那门课就是其中之一,她们甚至开学前就决定不修这门课程了。

71

所有这些更增添了我的愤怒,所以我坚持要她们向我道歉,最后有一位道歉了。这时,我为我的愤怒抱歉(我意识到那是过分的,因为我已经对她们三个人耿耿于怀了),我提议我们尝试恢复正常关系。这几个女孩同意试试——或许是为了使我不再发脾气。

那次交锋之后,三位女孩中有一位确实对这门课作了一些实在的贡献,但是其他的两位——尽管她们停止了不良行为——仍然表现散漫。整门课是枯燥的,令人心烦意乱,而我只是想完成整个过程。我已经发现了我在这组人中头昏脑涨,而且不再有任何希望恢复正常,仅仅是因为我已经降低了对任何一次课的期望:我在课堂上靠放弃来维持平安无事。我憎恨以这种方式教学或生活,但对付这个班似乎只能这么做。

我已经多次重新回味和体验这一痛苦的插曲。它引起我如此多的痛苦和困窘,以至于我总是想快点跳过这场惨败,询问一个自然而然的问题:"我能够做些什么不同的事情使结果更好些呢?"然而,在工作坊中指导这个练习时,我坚持让参与者避开这个问题,就像躲避瘟神一样。

这一问题之所以是自然的，仅仅是因为我们在自然地以这种方式逃避：通过太快地提出这种问题，总想尽快跳出痛苦，进入到技术性"修整"中。带着诸如这般痛苦的经验并且立即跨入"实际的解决办法"，这是在逃避对一个人自身认同的反思，这种反思在我们敏感、脆弱的时候总是袭上心头。然而，只有当我们愿意更深入地反省那些易使我们受伤害的动态过程，我们才会对自己的身份有深刻的认识。

诚然，最终总是要提出实际的解决方案的，但是，理解自身的独特身份却是找到新的教学方式前的关键第一步。如果身为教师不是扎根于自己的本性，那么无论对任何人采用任何不同的方式，都是新瓶装旧酒而已。

所以我请小组把第二个案例当作一对特殊的矛盾看待，一个人拥有的每一种才能都伴随某种缺憾。每一个优点也是自身独具的一个缺点，一种局限。这个优点或强项在某些环境条件下对我们和他人都有用，但不是永远都有用。如果我的天赋是有很强的分析头脑，这明显有利于我处理理性问题；但是如果面对的问题是与他人情感的纠缠，而我又用我的分析天赋去分析化解情感问题，这时与我的分析能力相伴随的缺点很快就暴露出来了。

对于我们所找出的我们才能不足方面的局限该怎么办呢？要点是不要"修修补补"，而是更深入地理解天赋和缺陷的悖论，更深入地认识我们自身混合体的本质，从而我们就能够在我们自然本性的完整中更体面地教学和生活。

当我和教师们一起研究我的第二个案例时，只要我的同事们能够避免把它视为"修补"模式，我总会从我的教学中学习到重要的事情。最重要的是，我了解到我作为一个老师的天赋是与我的学生共舞的能力，是共同创造一个我们大家都能够亦教亦学的脉络情景，而且，只要我对学生本性保持着一种开放、信任和期望的态度，就可长久发挥这种天赋的作用。

但是，当我的学生们拒绝与我共舞时，我的优点就变成弱点了。我

72

变得愤怒,尽管出于情面我能控制住自己,没让这种情绪一股脑都爆发出来。我对他们的不配合心怀怨恨,而且开始踏这些不情愿的舞伴的脚趾,偶尔还会踢到他们的脚踝。我很快变得封闭、不信任和绝望,仅仅因为他们拒绝了我的才能。

我不愿去学习那种陌生的、纯粹是为迎合那些不想跟我联系的学生的教学方法:分离的教学违背我自己的自身认同和自身完整,只会使得情况更加糟糕。于是,我想学习如何整体地把握我自身独特身份中相矛盾的两极,拥抱那深层对立的真理——我的自我意识深深依赖于我的舞伴,同时,即使没有人想与我共舞我也仍然拥有自我。

上述句中,我使用"同时"比用"但是"更准确,因为它表达了一个真实的悖论。我的自我意识如此深深地依存于他人,而且我总是在被别人拒绝与我联系时感到有些难受,没有什么途径能够绕过这简单的事实。但是,同时,当关系失败时我仍然拥有我自己——我经受的痛苦就是其明证。

我需要记住,我有时在教学中经历的痛苦和顺利与学生共舞时感 73 到的喜悦一样,都是自我活跃和完满的一种迹象。如果我记住了这简单而深刻的真理,我可能更靠近我的才能,更进一步远离强压愤怒的状况,更可能以对我和我的学生双方都适合的方式教学。

我的教学中出现这种低谷的根源不是技术的失败——尽管此刻会有技术可以帮助我,而是自我否定感,或者甚至是自我毁灭感。当我的学生不愿意帮助我实现我的本性时,这种自我否定或自我毁灭感就来临了。

我知道,从理性上来说,如此露骨地剖析教师的自我是令人尴尬的。让他人、尤其是学生来帮助我充分认识和发挥我自己,这种设想是多么天真——说得好听一点是天真,说得不好听就是傲慢。但是,当时随着课堂状况的化解,这样设想的确解决了我的问题。而且,作为教师自我成长的需求,要求我直面这类难堪的事实。

要成为一名更好的老师,我必须养成一种既依赖又不依赖于他人反应的自我感——这是一对真实的矛盾。要学好这一课,我必须进行一次孤独的旅行,深入探索我自己的本性;而且同时,我又寻求他人的帮助去认识真正的我自己——这是充溢在内心世界的许多悖论中的又一对矛盾。

悖论与教学设计

悖论原理不仅对自我的复杂性以及自我的潜能具有指导意义,而且,在考虑课堂动态过程中,在把握课堂教学环节的教学空间设计中,悖论原理都起着指导作用。

我用"空间"这个概念表达许多复杂的含义:物理空间的存在和我们对它的感知,围绕学生和我正在探索的主题建构的概念框架,我期望达到的情感气氛,引导我们进行探究的基本规则。最适合我工作的空间就是由一系列悖论所形成的那种,而且我认为我知其所以然。教学需要我们拥有比一般意识水平更高的意识水平——当我们被一种创造性的张力所感染时,这种意识水平总会被提高。悖论就是这种张力的别称,是整体地把握对立面的一种方式,是创造某种保持我们警觉的电荷。不是所有优秀的教师都能使用同样的技术,但无论他们使用的是什么技术,优秀教师总是在寻找途径引导这种创造性张力。

当我进行课堂教学环节的设计时,我意识到有六种我想融入到教与学的空间中去的悖论张力。这六个悖论既不规范也不详尽,仅仅是我的个人观点,我提出它们来是要说明悖论原理如何有助于教与学的设计:

1. 这个空间应该既是有界限又是开放的。

2. 这个空间应该既令人愉快又有紧张的气氛。

3. 这个空间应该既鼓励个人表达意见,也欢迎团体的意见。

4. 这个空间应该既尊重学生们琐碎的"小故事",也重视关乎传统与原则的"大故事"。

5. 这个空间应该支持独处并用集体的智慧作充分的支撑。

6. 这个空间应该是沉默和争论并存的。

我想就每对悖论的涵义解释几句。然后，为了把悖论和读者都从抽象的僵死观念中解救出来，我想探索一些实际的方法，以便上课的教师把这些观念带入到生命中。

第一，这个空间应该既是有界限又是开放的。围绕教与学空间的界限是由我们经常关注的手边教材中的问题、文本、资料包等来确立的。在这个界限内，学生们可以畅所欲言，但是他们的发言总是被老师以及相关的资料引向主题。那些资料必须是清晰的、激发兴趣的和有强烈吸引力的，以至于学生们很难游离开主题——即使这些资料使学生们感到混乱、恐惧以至于想逃避的时候也这样。没有界限的空间不是空间，只是一种无序的空旷，在这种空旷里就不容易出现真正的学习。

但是空间之所以成为空间是因为它在有界限的同时又必须是开放的——向与真正的学习伴随的惊喜开放，向由探索精神导引的许多路径敞开。如果说界限是让我们意识到我们的旅程有个目的地，那么开放则是提醒我们会有很多条路可以让我们到达终点。再深入一点，学习空间的开放提醒我们，将要到达的终点可能不是我们在行程之初计划要到达的终点，因此，对于共同行进过程中显现的真正目的地的线索，我们必须保持敏感。

第二，这个空间应该既令人愉快又有紧张的气氛。开放的空间是一种解放，但同时又增加了在未知方向中迷失的恐惧。所以学习空间一定要令人愉快——既开放又吸引人，既自由又安全、可信赖。空间的界限为此提供了一定的保障，但是当这些界限使我们逗留在困难的论题上，就需要更多的保障。所以学习空间就必须有这些特征：有休息的空间，有补给营养品的空间，甚至还有当某人感到锋芒过露时可以藏身的空间，以便能够帮助学生们处理教育探险行程中的危险。

但是如果这种探险把我们带到某个地方，这个空间就会有着紧张的气氛。如果学生们愿意在最深入的层次上学习，他们即使在睡觉的时候也会觉得不稳妥：他们需要感知在探索世界和内心的奥秘时固有

75

的风险。这种紧张的气氛不需要任何特技去营造，它是伴随着我们的研究领域而来的。我们只需要捍卫这个空间，用重要的论题填充它，拒绝让任何人逃避它或使它变得肤浅。

第三，这个空间应该既鼓励个人表达意见，也欢迎团体的意见。如果一个空间要有利于学习，它必须鼓励学生们找到自己真正的表达机会，无论他们表达意见的方式是否被别人认可。当学生们不能表达自己的想法、情感、困惑甚至是偏见的时候，学习是不会存在的。实际上，只有当人们能够说出自己的想法时，教育才有机会产生。

但是教学空间应该不只是个人表达意见的论坛，它应该也是一个团体意见被综合、被完善的地方。团体可以肯定、质疑、挑战、纠正个人的意见。教师的任务就是倾听团体的意见是什么，并且一次次地把团体形成的智慧思想回馈给团体，以便大家都可以听到甚至改变团体已有的思想。

76

有关个人意见和团体意见的悖论，可以在一致赞同型决策的课外例子中得到清楚的说明。在这个例子里，只要有一个人有不同意见，就不能作出决定，所以团体必须学会仔细地倾听个人意见。如果一个团体意见是通过诚实的对话得来的，团体就会对每一个人声明，让大家既不要随波逐流也不要目中无人，而是仔细地寻求并在深思熟虑后说出我们的真实想法。在这种由悖论形成的学习空间里，学生们不仅学会了课程，也学会了表达他们自己有关课程的思想，学会了去倾听新出现的、可能影响到他们的观念和信仰的团体智慧。

第四，这个空间应该既尊重学生们琐碎的"小故事"，也重视关乎传统与原则的"大故事"。一个学习空间不应该只是被抽象的概念所充斥，以至于没有空间留给那些充满灵气的真实故事，这些故事虽小但却伴随着学生们的成长。学习空间应该有足够的位置去容纳一些个人的小故事，去容纳学生个人体验到的、心灵导师发挥了作用的故事。

但是当你的或我的小故事成为我们惟一的参考点，我们就很容易在自我陶醉中迷失。所以在学习空间中也必须强调有关准则的"大故事"——这些故事在广度上涵盖一切，在深度上揭示规律，这些故事给个人的故事限定了理解框架,帮助我们理解个人小故事的含义。我们应该帮助学生们学习用一种尊重的态度留心聆听这些"大故事",就像我们尊重他们向我们讲述自己生活中的故事时一样。

第五,**这个空间应该支持独处并用集体的智慧作充分的支撑**。学习需要独处——这不仅是在学生们需要时间单独思考和吸收学习内容的意义上提出的,而且是在应该尊重和不干扰他们内心自我真实完整的更深层意义上提出的,如果我们希望学生们学习,就要提供学生独处的空间。学习也需要集体交流——在对话的交流中,我们可以发现我们不知道的地方,我们的想法可以受到检验,我们的偏见也会受到挑战,同时我们的知识面也会被拓展,通过交流我们就不再只是独自思考着自己的想法。

但是现在对于团体存在着一些只讲外表形式、有悖常理的曲解,那是有损深思独处的,不尊重个人的内心世界并且还侵犯精神领域。如果团体的标准设定为(无论多么巧妙地设定)每个人都必须说话,或者必须用同样的声音说话,那么意见和分歧都会被抑制,个人的独处也会受到侵犯,也就不会出现任何学习了。

一个值得信赖的学习组织不止是能够容纳独处,让学生们充分实现内心的导师所教导的东西才是最基本的。我们在这个敬重灵魂奥秘的组织中互相帮助,超越障碍,明察辨别。教师给予我们滋养和保护,再加上一定的感悟力和安全保障,一个学习组织就能帮助我们发现通往我们生命内部真理的通道或障碍。

第六,**这个空间应该是沉默和争论并存的**。文字在教与学中不是惟一的交流媒介——我们也可以用沉默教学。沉默为我们提供了一个机会反思我们所说过的话和听到的信息,而且沉默自身也是一种表达,是从我们自己、从其他人、从这个世界的最深处呈现出来的表达。

心理学家指出,一个典型的群体可以忍受 15 秒钟的沉默然后才会有人觉得需要通过讲话来打破紧张的气氛。这是我们的老毛病恐惧在作祟:以为出了错大家才沉默,认为打破沉默也无济于事。但是在真正的教育中,沉默是作为一种学生需要内心世界工作时值得信赖的母体,

77

是适合更深层次学习的一种媒介。

这六对悖论加在一起就是完整的教育学——是理论上完整的教育学。但是为什么看起来像是实践中的教育学？我想就这个问题再作一点补充：在教学中我们所遵从的不是一个固定的模式，而是教师个人考虑怎样以我自己的工作方式将这六对悖论结合在一起。

悖论原理能够有助于任何教师领悟自己的自我和构建所有教与学的空间。但是我将要描述的个性教育学将显现在这种能包容不同于你自己独特性的自我中。对我们所遵从的原理说"是"、"不是"或"可能"，你会发现一些适合你的真实可靠的教育源泉。

课堂教学中的实践悖论

为了说明这六对矛盾是怎样在课堂教学中贯彻实施的，我想详细 78
研究我刚才描述的第一个案例——我的第二个个案则要求我充分意识到必须谦逊！当我坐下来计划如第一个个案所描述的教学环节时，我是以第一个悖论开始的：学习空间应该既有界限又开放。为了说明这个原则，我翻到了当时在课堂上正在阅读的文本——《心灵的习性》。

一篇好的课文既包含了开放性也包含了界限——界限是由一系列清晰又引人入胜的论题构成的，而开放性来自于以反省思维方式探索这些论题。通过选择这样一篇文本并使自己沉浸其中，我经常能够获得一种我想在课堂中营造某种学习空间的意识。所以我回顾这些围绕着《心灵的习性》的论题，最终选定美国人信仰自由作为我开始进行的论题。

但是从文本中寻找教育的线索并不意味着对它盲从；我听过（或上过）如此拘泥于文本的、最索然无味的课，使人觉得我们还不如呆在家里。我认为一篇好的文本是那样一种，从根本上说是完好的，但又有着足够的未阐明的缺口——又一个悖论——它不能像菜谱一样被遵从。

学生们不会从一篇完美无瑕的、只提出正确问题并且都给了正确答案的文本中学会学习,但是一篇断断续续、含糊不清的文本却需要我们投入,提供给学生进入到他们自己的思想中去讨论和思考的空间,真正的学习就发生了。从一篇文本中提取教育线索,这就意味着不仅要寻找这篇文本能教给我们什么,而且要寻找我们能教给这篇文本什么。

对我而言,《心灵的习性》似乎是因它自身资料的某些缺口而受我青睐。本书作者在与一小部分美国人访谈的基础上得出大范围上的结论。从我们这个小阿巴拉契亚学院的角度来看,我意识到《心灵的习性》很少论及生活在贫穷中的美国人,对阿巴拉契亚贫穷的独特体验更是只字未提。

为了实践第一对悖论——学习空间应该既开放又有界限——我决定通过请学生把焦点集中在《心灵的习性》的自由画像上以确定界限,然后再在学生们自己的体验基础上提出问题:"这幅画有什么不对的地方?"使这个空间开放。(当然,当学生们围绕主题畅所欲言时又产生了清晰的边界,这使得提问的方式本身就肯定了第一个悖论。)

凭着从学生们活跃的交谈中获得的生动数据,我肯定了第二个悖论中所提到的学习空间应该是令人愉快的这一论点。教室里宜人的环境不仅需要我们礼貌并关切地对待学生,还需要我们引领他们进行交谈,并使他们在交谈中有所领悟。好的主人不是只要礼貌待客就行——好的主人会设想客人有故事要讲。

第二个悖论要求学习空间既有紧张的气氛又令人愉快,在这里学生们既接受挑战又受到欢迎。我希望通过把自由提升为一个我想让学生反省的观念来营造这种紧张氛围,我知道自由是他们生活中的一件大事:一些学生还在反叛家庭,还有些学生觉得学校过度地约束了他们的生活。

所以我选择的核心问题是"关于自由,以往你接受的教育是什么,特别是'摆脱……获得自由'和'做……的自由',以及现在你对自由怀有怎样的信念?"我想这些问题可能会令学生们感兴趣,事实证明的确如此。它们引起了学生们的注意,在这个学习空间里,学生们从认知和情感上被如此深地引入学习空间,以至于他们逃避不了真正思索的

79

挑战。

为了证明第三个悖论——学习空间应该既欢迎集体的意见,也鼓励个人表达意见,我是这样开始的:我给学生几分钟时间静静思考这个问题,大多数学生都需要安静地思考他们最好的想法。由于对大多数人而言,光是沉默使人尴尬不安,所以我让学生们把他们所想到的记录下来,让他们有事可做。然后,我尝试用含蓄而果断的方法把他们的思路集中到我们要做的事情上,对他们说:"我一会儿告诉你们这些记录是用来做什么的。"

因为我的学生们不知道我是否会把他们的记录收上来并且打分评级(我永远不会这么做),或者要求他们在小组里使用他们自己的记录进行说明(最终我这么做了),所以,他们全都做了记录,"以防万一"。这只是个小小的、但非常有意思的倒叙情节,闪现营造紧张的教育价值!

接着我引导学生从个人意见逐渐转向集体意见。个人思考时间过后,我要求学生们用十分钟的时间在自己选择组成的三人小组中分享他们的想法,然后才进行大组间的对话。在小组中,每个人都有机会在一个相对可靠的环境中发言,经过小组认可的筛选,学生们在大组中更有可能说出一些有价值的想法。

当大组集合讨论时,支持第三对悖论的张力——即引导学生从个人意见转向集体意见——在很大程度上取决于教师促进而非指挥讨论的能力。一方面,教师要欢迎并肯定每一个人的意见,这并不意味着同意每个人所说的话,无论他们的话多么偏激,就像那些愤世嫉俗的人有时说的那样。通过留心听、澄清问题,以及在学生因抽象而迷惑时提供例子说明,可以帮助彼此最好地理解他或她正在表达的意思。

另一方面,这个**悖论**需要教师对可能在团体中出现的任何思想模式给予意见:在教师给出意见之前,团体不会有统一的意见。这意味着仔细地倾听并留心掌握交谈的所有要点、头绪,最终就能提出思考和询问的一个框架。"这是不是你说的意思?"当我向学生们提出前文案例中的问题时,我就是这样做的:在他们被问及对自由的看法时,他们声称要以自我为中心；而在现实中面对两难困境时，他们又表现出集体精神和公共道德。

第四个悖论——我们应该既尊重生活中琐碎的"小故事"，也重视关乎原则的"大故事"——交织了我所描述过的所有教育活动。这个度很难把握——不仅因为学术界不相信这些琐碎的小事，而且还因为这些小事都是学生们最感亲切的事情。如果给予放任，他们会躲藏进自己的小世界而逃避大的纪律约束。

尽管我们的小故事里包含了能够检验并纠正大故事的真理（就像我的学生们在阿巴拉契亚的体验纠正了《心灵的习性》里的大故事），教师也必须用大故事对小故事进行再构造。我用《心灵的习性》中的一些观念指出，我的学生们反对控告警察误捕，表明了公共的道德规范比他们自己主张的自由要强大许多，此时我便是用大故事对小故事进行再构造。

把握这个悖论的关键在于认识这一点：尽管学生们都能讲述自己的故事，但是他们就像我们所有人一样，很少能意识到他们讲述的故事的意义。也难怪，当教育不把他们的生活当作知识的源泉时，他们怎能意识到他们讲述的生活故事的意义呢？想在所有的大大小小的故事交会之处教学的教师，必须不断就学生不懂得如何做的地方作解释——一直到学生已经会"听了以后去表述"，且要常常这样做，直到他们学会解读自己的故事。

第五个悖论，即教学空间应该支持独处并用集体的资源作充分的支撑，通常是用在比喻的意义上。在大多数教育背景中，我们不能让学生在课堂上孤独地沉思。我们能做的是在我们围绕一个给定的命题逐渐形成一个集体的意见时，也尊重集体内部独处的心灵需要。

例如，我告诉我的学生们尽管我重视对话，我也肯定他们有权利表面上不参与讨论和交流——只要能让我感觉到或偶尔向我口头保证，他们在内心参与了。默许学生不发表意见，似乎是想召唤通常保持沉默的学生发表意见：当我们被赋予沉默的自由时，我们更可能选择参与。

81

尊重我的学生们心灵的孤独也意味着,当我听他们说话时,我得清楚我的问题把他们引进主题有多深的程度。有一些地方是人的心灵不想去的——至少是不想在众目睽睽之下。

在第一个案例里,当那个年轻人告诉我他被误捕时,我立刻知道我想问他什么问题,这个问题涉及自由与责任,在我们的讨论中肯定会出现:"你为什么不因为被误捕而起诉警察?你可能会在一夜之间成为富人。"

但是这个问题很敏感,特别是针对贫困的背景。这很容易被听成这种话:"你怎么这么傻呀?你白白错过了一个致富的机会。"所以在我提出问题之前,我先要问自己:这个学生能应付这个问题吗?我和他的关系能达到使他不受伤害的程度吗?这隐喻了对学生独处的保护:在引出整件事情真相的同时,不侵犯他或她灵魂的敏感处。

第六个悖论包含了创建一个既欢迎沉默也鼓励表达的空间。在我研究的那节课上,讨论很多,但只有一小阵沉默,即当我要求学生们对我提出的问题集中他们的想法并做记录那一小段的沉默。这是一个很有价值的间歇。但是我最感兴趣的沉默却是讨论过程中的沉默、观点形成时的沉默或一个问题提出来但没有引起即刻回应的那种沉默。

时间一分一秒地过去,空间愈发寂静,我对于沉静的价值的信念也在经受着考验。正如大多数人一样,我习惯于将沉默视为某处出了错的征兆。我是拿薪水的课堂教学事业的领导,我靠职业责任的操守而过活,所以在沉默中我的价值观和能力都面临着考验:我是一个有错必纠的人——通过说话来纠正错误。恐慌使我贸然下结论:是我刚才提出的观点或问题把学生吓呆了,或者让他们感到厌烦,我应当使他们活跃起来,开口说话。

但是,也许我的惊慌误导了我,使我太快地得出了错误的结论;也可能我的学生们既没给吓呆也非不屑一顾,而是向深层挖掘;还可能他们不是无知或者愤世嫉俗,而是有足够智慧认识到这是需要思考的时刻;更可能他们并非在浪费时间,而是更深刻地思考、学习。然而,事实是,我把他们的沉默当作出了问题,从我自己的控制需要、而非学生的

82

学习需要出发对其沉默作出反应,我错失了所有这些可能的机会。

即使我乐观的解释是错误的,有一点却是不争的事实:在我打破沉默的那一刻,我阻止了所有真实学习的机会。当我的学生们知道我总是把自己的想法灌输给他们的时候,他们怎么会静心思考他们自己的想法呢?

实践我刚刚描述的悖论的具体方式也许是跟我的自身认同有关,不是跟别人有关。但是在课堂上实践悖论并非仅限于我教的各学科或学生。

我曾经在中学的实验室工作过,在学生们一个接一个地观察显微镜,然后集中起来,就他们所看见的东西及其意义寻求共识时,个人意见和集体意见的悖论在这一过程中得到了实践的检验。我认识一些小学数学教师,他们懂得这一悖论:要了解数学神秘的力量,必须营造令人愉快的氛围,特别是一些女孩和少数民族学生处于认为他们数量思维能力差的文化中时。我观摩过大学的文学课,在这些文学课上,当教师通过联系学生们耳闻目睹的家庭戏剧性事件帮助学生们理解《李尔王》中家族的戏剧故事时,大故事和小故事就呈现在悖论的张力中。

悖论原理没有提供与教学对应的理论。但是如果这个原理适合真正的你,它就能对任何水平的教育以及任何学习领域提供指导。

把握对立的张力

把握好悖论的张力以便学生们能在更深层次学习是搞好教学最困难的一环,我们应该怎样做呢?

想象你自己在教室里。你问了一个框架很好的问题,随之而来的是一片沉寂,你就等啊等。你知道你应该再等等,不要急,但是你的心在敲击着,下沉着,最终你觉得无助而失控。于是你怀着焦虑、愤怒以及专断等复杂感情回答了自己的问题,而这些情绪只会使事情变得更糟。然后你眼睁睁地看着沉默营造出的学习的开放性化为乌有——而且教学越来越像头撞南墙瞎跑。

这一情景对把握任何一种悖论(不只是沉默和表达)都指明了一个简单的真理:整体地把握悖论的立足点是在教师的心里,我们无力去把握它不是因为技巧的缺乏,而是因为我们内在生命的缺失。如果我们想在悖论的力量下教与学,我们必须接受心灵的再教育。

当我们被拉向两极感受到这种紧张时,我们尤其需要教导我们的心灵以一种新的方式去理解它。在舒马赫(Schumacher, E. F.)的经典名著《小即是美》这本书里,我们找到了这种理解的线索:

> 通观我们所有的生活,我们都面临调和对立或矛盾的任务,但 84
> 是从合乎逻辑的思想来看,这些对立或矛盾又是不可调和的……
> 怎么能够使教育的纪律和自由的要求调和呢? 实际上,有无数的
> 母亲和教师都在做着这个工作,但是没有一个人能够写出一个解
> 决办法来。他们的做法是这样的:带入一种更高层次的、超越了对
> 立的力量——即爱的力量……如此,有分歧的问题促使我们自己
> 努力提升到高于我们自己的层次;它们既要求又激发来自更高境
> 界的力量,从而就给我们的生活中带来了爱、美、善、真。就是因为
> 有这些更高层次的力量,对立的事物才能在我们的生活环境中得
> 以调和。[5]

舒马赫的话帮助我理解了这一点:当我们尝试整体地把握悖论时,所降临的那种张力并不是要固执地把我们撕裂。相反,它是想让我们向比自我更强大的力量敞开心胸。紧张总是难受的,有时甚至具有破坏性。但是如果我能与它欲达之目标配合而不是抗拒,这种紧张就不会让我心力交瘁——反而会使我的心胸更开阔。

舒马赫对这个论点的解释是很棒的,因为它对我们通常的体验而言是真实的:每一个好教师、每一对好父母都在某种程度上学习在自由和纪律的悖论中协调平衡。我们希望我们的孩子和学生都成为能够自由地思考和生活的人,然而同时我们也知道,帮助他们成就这种自由需要我们在一定的环境下约束他们的自由。

当然,我们的孩子和学生却不明白这个道理!当我13岁的孩子宣布他不再参加宗教仪式,或者一个学生提交一篇论文,题目却不是我布置的,我立刻进入紧张的状态——没有规则告诉我这时刻是适合自由还是适合纪律的,或者是两者兼而有之的某种魔法。

但是好教师和好父母每天都在地雷阵中探路,让这种紧张促使自己向越来越广博的爱敞开心胸——这是一种通过超越我们自己内心的紧张、为了学生和孩子们的最大利益来解决这些所罗门式的两难选择的爱。

跟一切深刻真理一样,这种爱包含一对悖论。舒马赫说,好的父母或教师是把爱的超越力量具体地表达出来,以解决有分歧的问题所产生的紧张。然而他也说解决这种问题需要超越我们自身的爱的支持,这种爱是被这种紧张的状态本身激发出的。如果我们将这些悖论综合在一起,我们自己的爱是绝对必需的——并且我们自己的爱永远都不够。在紧张的状态存在的时候,我们必须忍耐,尽我们所能聚集各种爱,直到真正的紧张把一种更大的爱带入到教育情景中。

我们必须体验忍耐的另一种状态,直到一种更大的爱出现:那就是受难。除非我们愿意承受对立事物的张力,除非我们懂得,我们既不能回避苦难,也不能仅仅要求幸免于难,而应该积极地拥抱这种开阔我们自己心胸的方式,否则我们不能利用悖论的能量教学。

如果没有这种包容,受难的痛楚总会引导我们过早地消解这种紧张,因为我们没有理由去忍受这种痛苦。我们会在沉静的教室里自问自答(这又造成了更多的沉默);我们对不同意见居高临下的干预打乱了我们的学习计划(即使我们说我们是欢迎问题的);我们会惩罚那些跑题的学生(无论他或她多么有创意),把他(她)拉回到预定的主题上来。

当我们忍受不了通往更高境界的磨难时,我们就不能在最深的层次教导我们的学生。我们把握住对立的张力,把探究的大门敞开着,吸引学生进入一个我们能共同学习的领域。

具体怎么做不是个可以回答的问题,因为它是教师心领神会操作

85

的:把握对立事物的张力在于存在的本质,而不在于怎样做。但是里尔克的一些话可能会有帮助。这些话没有为接受磨难提供技巧,因为这种技巧根本不存在。但是,这些话为我们提供了希望:只要我们努力,总有结果。

这些话摘自《给年轻诗人的信》,里尔克在这里像一名教师一样写作。他收到了许多礼貌但苛求的信件,这都是一个仰慕里尔克的作品的初学者写的,他想就怎样追随里尔克的事业道路寻求忠告。里尔克不仅花费时间去回答他的问题,而且怀着极大的宽容。

在一次通信中,这位年轻的诗人向年长的里尔克提出一个接一个 86 迫切的问题。里尔克用这个忠告回应:"要耐心地对待心里所有尚未找到答案的问题,要尝试去喜爱这些问题本身……不要急于得到答案,因为你还没有经历过,所以不能给答案。关键在于去体验一切。现在就去体验问题。渐渐地,不知不觉地,体验了一些日子以后,答案就会出现。"[6]

他的话语能轻易地解释在教室里难以把握对立事物张力的教师的状况:耐心地对待心中所有尚未找到答案的问题……尝试去喜爱矛盾本身……不要急于作出决定,因为你还没有经历过,所以并不能得到答案——关键在于去经历一切。现在就去经历这些矛盾。也许渐渐地,不知不觉地,一些日子以后,你就会在生活中体验到悖论。

里尔克给我的希望部分在于他的"一些日子"的观念,我经历的生活使我比当时更自信地理解了怎样把握悖论的张力。他的确是对的:现在经历过一段时间教学的紧张状态后,我能比几年前更好地、整体地把握悖论了。

但是我更深的希望是来自里尔克的"关键在于体验一切"的观念。当然这是个关键! 如果我不充分地体验这种我自己生活途中的紧张,那些紧张就不会消失:它们会潜滋暗长,越发厉害。我可能不知道怎样解决这些问题,但是通过环绕这些紧张变换我的生活,我努力在生活中寻找解决办法,向着新的可能性开放自己,并且防止这种张力把我撕裂。

其他选择只有一个：把过去的生活抹杀掉，生活在否定教学带来的紧张中，这时，我扮演一个伪装的专业人士，外表上假装我根本没有那些紧张的状态，而内心里，我假装所有这些紧张都没有撕裂我生命的结构。

伪装是分离的别称，是一种妨碍我们培养优秀教学所依赖的联系能力的状态。当我们伪装的时候，我们就放弃了共同体与我们自己、与我们的学生、与我们周围的世界的联系，放弃了与作为教学根基与成果的共同中心的交流。但是当我们理解了那一句"关键在于体验一切"，　87
我们就会重新赢得失去的一切。

我就这一主题用斯科特-马克斯韦尔的一句话作为结束。他在漫长而精彩的一生中一直坚持写作，他令人信服地说："一些未被理解的规律使我们处于矛盾的境地无从选择，在那里，我们并不喜欢我们的所爱，好和坏像不可分离的伙伴不能被截然分开，在那里，我们心灵的破碎与狂喜——这种冲突只有盲目地把它带入到我们的心灵才能够解决。这曾被称为天命。还有人能用更佳的措辞描述它吗？"[7]

注释

[1]　Thomas P. McDonnell (ed.), "Hagia Sophia," in *A Thomas Merton Reader* (New York: Doubleday, 1989), p. 506.

[2]　These words are attributed to Bohr in many secondary sources (for example, Avery Dulles, *The Reshaping of Catholicism*, [San Francisco: Harper, 1989], p. 37), though I have been unable to find them in his writings. Their authenticity is substantiated by his son, Hans Bohr, in an essay called "My Father": "One of the favorite maxims of my father was the distinction between the two sorts of truths, profound truths recognized by the fact that the opposite is also a profound truth, in contrast to trivialities where opposites are obviously absurd." S. Rozental (ed.), *Niels Bohr: His Life and Work as Seen by His Friends and Colleagues* (New York: Wiley, 1967), p. 328.

[3]　Dietrich Bonhoeffer, *Life Together* (New York: HarperCollins, 1954), p. 78.

[4] Robert N. Bellah and others, *Habits of the Heart* (Berkeley: University of California Press, 1985).

[5] E. F. Schumacher, *Small is Beautiful: Economics As If People Mattered* (New York: HarperCollins, 1973), pp. 97—98.

[6] Rainer Maria Rilke, *Letters to a Young Poet*, M. D. Herter Norton (trans.) (New York: Norton, 1993), p. 35.

[7] Florida Scott-Maxwell, *The Measure of My Days* (New York: Penguin Books, 1983), p. 25.

第四章 认知于共同体中

——为伟大事物魅力所凝聚

不论你是谁，不论你多么孤单，

整个世界任你想象翱翔，

像大雁般朝你呼唤，

声声叫人心动——

一再宣告

你在万物之家的地位。①

——奥利弗（Oliver, M.），《大雁》[1]

共 同 体 掠 影

在前三章里，我们一直在检验教与学过程的内在景观。我们审视了一些令我们远离我们的学生、我们的主题和我们自己的内在力量，同时我们也探讨了一些可以帮助我们缩小这些分离的内在方法：重新认识自我，面对恐惧，并以悖论式的思考方式全面、完整地认识世界。

在这一章和下两章里，我们转向共同体——探讨那种教与学所需

---

① 此诗为余巍博士初译，杨秀玲博士润饰、审校。

要的、能帮助更新和体现真正教育之本的促成关联的共同体。当我们从教师的内心生活转向教育共同体，表面上好像主题变了，但其实并没有变。前三章是关于培养造就共同体成长的内在沃土；紧接着的三章就是关于共同体如何从内心世界融入课堂以及更大的世界。

共同体无法在分离的生活中扎根。在共同体形成外在形状和形式之前的一段日子里，它一定要在完整的自我中生根：只有当我们充分认识自己后才能与别人和睦共处。共同体是个体内部不可见的魅力的外部可见标志，是自身认同和自身完整与世界联系的交融。这正是我一直在探讨的联系性议题，在外观世界显示出来。

在这一章和下两章，我会带着一个重要问题来探讨教育共同体的几个模式：这些模式能提升和改进认知、教学和学习等教育目标吗？一个困扰着我很多年的教学理念引领我探究这个议题，这个理念很少被人提及但极为重要，它是共同体形式的核心：**教学就是要开创一个实践真正的共同体的空间**。

为了开辟通向真正的共同体的道路，我先要排除一些障碍，作为对我们深感疏离的痛苦而渴望"不分离"的回应。共同体模式（而不是共同体本身）在社会上就像野草丛生。我会先考查一下治疗、公民和市场这三个当今十分显赫的模式，希望能为教育所期望的共同体提供更清楚的认识。

每当我们提到共同体这个词时，最常见的是治疗模式。由于亲密往往被视为治疗分离带来的痛苦的最佳方法，所以这个模型使亲密在人际关系中拥有最高的价值。一段亲密的关系超越了获得联系所暗示的能力：我们在亲密之中明确地彼此分享我们深层的本质，我们确知别人充分了解我们，有被人完全接纳的信心。运用得好的话，治疗型共同体将会展示出许多形式的爱：配偶之间的爱，父母和孩子之间的爱，朋友之间的爱。

治疗的中心思想在教育中占有很重要的位置，这是因为任何没有爱的事业都很可能是病态的：很难想象一所健康的学校找不到任何热爱学习或关爱学生的痕迹。我知道有一所学院有一句十分美妙的格言："与志同道合的朋友一起追求真理。"[2]它的创办者十分了解,追求严格的目标需要在团队的成员间建立起爱的契约。

但是,把治疗型共同体习惯地应用于教育领域就显得既不巧妙,也不如引用上述格言那么恰当。相反,这种正威胁着教与学过程的假设误以为人与人之间最优秀和最重要的事物就是亲密,可是它有时令人毛骨悚然,有时在人类潜能运动方面以"不分享就得死!"的公共社会精神特质去极端显示自己。

我们当然不可能要求所有人都彼此亲密——要是我们真的这么做的话,正如很多失败的公共实验所显示的结果,我们只会把大家都吓跑。但是治疗模型在教育中要负上更多责任:当一切关系都以亲密与否为判断基准时,我们的世界会收缩成一个逐渐消失的小点。

我们大部分人在一生之中只能与几个人达成真正的亲密。如果在共同体之中就等于亲密的话,我们再也接触不到共同体之外的其他人和其他事。当亲密变成基准时,我们开始失去与日新月异的事物建立关联的能力,而这正是教育的核心。我们失去了接受他人、接受不同于我们的想法或认同的观念的能力。治疗模式利用对异类的恐惧把共同体降低至家庭或朋友的形式。

作为一个北美的中产阶级人士,我不太可能与贫穷建立起亲密的关系或体验贫穷的滋味,但是最重要的是我能感受到我对穷人和他们的困境应该负起的责任。我不太可能与居住在亚马逊河盆地的人们以及被他们毁掉的热带雨林建立起亲密的关系,但是最重要的是我能了解我与他们以及他们栖息地的生态体系是相互依存的。身为一名科学界的外行,我不太可能与提出量子力学中的奇妙构造的人建立起亲密的关系,但是最重要的是,我了解他们如何重新塑造了我生活于其中的思想界。

当我们拒绝必要的疏离时,我们的生命就被贬低了。我们需要坚持一个比亲密更具包容性的标准,来证实与人、与自然,或与概念之间的关系更具有意义。当治疗型共同体变成教育基准时,教与学会从根本上受到损害。

　　共同体的公民模式为治疗模式提供了重要的矫正机会。在这里，不再是窄圈子的亲密交往，而是在本来互不相识的人们之间建立起广阔的关系，形成健全的政治。一个大家不愿意也不能互相分享亲密经验的共同体仍然需要分享共同的疆界和共同的资源，解决相互的纷争和问题。在那里人们之间虽然不能够经历亲密，然而可以学习分享共同的领土和资源，解决相互的冲突和问题，这表示共同体的公民期望所追求的是公共的共同利益而并非个人的敏感点。在公民的共同体中，我们不可能了解彼此的内心，但是我们认识到如果我们不团结，人心就会涣散。

　　治疗型的共同体是一个现代的观念，是心理学时代的人工制品，但是公民的共同体从远古开始已经生根。从柏拉图开始，学院已经被喻为政治机构的微观世界，它是一个应该并能够陶冶公民习俗的地方。正如B·巴伯（Barber, B.）所写的："这个争论表明大学不只*具有*公民的使命，大学本身*就是*公民的使命，本身就是文明，它定下一些规则或举办一些会议令共同体加强对话和各式各样的公开讨论，这些都是知识成长的基本要素……我本来要说民主政治与教育活动是平行的，或公民的训练和知识的熏陶与判断也拥有一个平行的结构。我们坚持认为他们其实是一致的。"[3]

　　共同体的公民模型具备教与学的重要特征。在一个被竞争、种族和性别分化的社会中，在多个场合，我都为高中和大学教室里更多元化群体的共同工作所感动，尽管我们观察到，在很多情况下，这种共同工作伴随着彬彬有礼的、相互发表着"决策正确"与否的论争。当我们要重新编织破烂的公民关系网络时，教育机构就是我们最重要的织布机。

　　但是公民模式也对教育的核心使命存有微妙的威胁。在公民社会中，我们以谈判、交易、妥协等传统的民主政治机制处理差异。目标是为大多数人取得最大的利益，这些就是公民斗兽场中值得尊敬的技艺。虽然为大多数人追求利益很高尚，但是无助于寻求真理：真理不是由民主的方法决定的。

　　在一个民主社会中我们同意一旦唱完了票，取得最多选票的人或

组织就成为领袖或最高准则——而且,只要在良知范围内,我们都愿意
追随之。但是在探索真理的过程中我们不能也不应有这种协议,大多
数人的规则并不能算是真理。数选票的方法肯定会错失不少真理:假
若哥白尼(Copernicus, N.)和伽利略(Galileo, G.)也这么做了的话,太
阳可能仍然"围着地球转"。即使公民模式对教与学过程提出了很多合
理的诉求,教育中的共同体也必定要找到一种更基本的形式。

在全面优质管理的旗帜下,共同体的市场模式正在全面攻占当代
的美国教育。虽然它的目标和原理与我们以前的探究模型截然不
同,它还是巧妙地把治疗型的个人主义和共同体型的实用主义形式
结合在一起。

市场模式的基准很简单:教育机构若要改良他们的产品,就一定要
加强与消费者的关系,而且要对他们更负责。一定要把付出学费的学
生和父母看成是消费者,为他们提供充足的机会去批评他们所购买的
东西。这些批评一定会传给那些产品的制造者,这样才能帮助他们改
革下一代的教育和满足更多消费者。

如果你是一个觉得"消费者"和"产品"这些字眼听起来刺耳的教育
工作者,以下这个故事可能会迎合你的情况。一位公立大学的新任校政
人员正在谈论,在大城市经常乘坐公共交通工具到学校的人的共同体意
识十分薄弱。我问:"假设你有一支魔术棒,要是想加强对共同体的归属
感,你第一件事会做什么?"我原来期待他会谈到定位、宿舍生活或辅导。
但他却回应说:"我将会建立一套有意义的方法,测量学生对课程的反应,
而且我会用这些信息帮助教得不太优秀的教师教得更好。而且如果他们
不能够或不愿意改进,我将会帮助他们找别的工作。"

这位校政人员的观念可能缺乏治疗模式的心理学深度,也缺乏公
民模式的崇高政治理念,但是它仍有很多可取之处。正当商业机构在
某种程度上被市场反应所牵制的时候,高等教育则仍在冷漠地对待它
的顾客。付出学费的学生和父母时常被大学视为无知之辈:虽然我们
对我们的工作也不完全理解,但仍会相信除了我们的同行以外没有人
能够评论我们的工作!

假设在魔术棒的帮助下,真的能建立一个能辨别出优质教学间各 94
种细微差异的评估系统,这位校政人员对于共同体的观念可能为带着
傲慢脸孔的高等教育带来一些谦恭。但是很明显,这种市场模式对教
与学的过程存有威胁。

首先,这位校政人员所需要的评估系统根本就不存在,他所说的只
不过是一个危险的赝品。我们缺乏评估教学的有效机制,除非有人相
信所有优质教学的多样性都能挤进问卷调查的计量等级之内。

其次,优质教育总是重视过程多于成品。如果一位学生在完成教
育时变成一个只会接收信息的内存,这位学生已经受骗了。优质教育
会教学生成为知识的创造者,并能洞察别人所宣称的事情是否正确。

再次,优质教育可能至少在一段时期内令学生感到深深不满。我不
是指出自己对听不见、不连贯或无能的教师的不满。而是指,即使是已被
优秀教师很好地对待的学生,然而当偏见受到挑战,自我感被动摇时,也
可能气冲冲地离开。这种不满可能代表着真正的教育已经产生了。

学生可能要过许多年才会感谢一位曾令他不满地教给他真相的教
师。当教育共同体的市场模式假定顾客永远是对的时,无论它的问责伦
理标准怎样恰当,它都不能达成优质教育的初衷。

现实是群体共享的

共同体的治疗模式、公民模式和市场模式都具备教育所需的洞察
力。但是支持真实教育包罗万象的共同体并不在上述名单中。在这一
章余下的篇幅里,我会提供另一个模式。在紧随着的两章中,我将会探
究它对实践教育学的含意。

我们寻求的共同体模式是一个能拥抱、指引和优化教育的核心使
命——也就是认知、教学和学习的使命。我们将从最具挑战性的教学 95
概念的核心——教学就是开拓一个实践真正共同体的空间,来寻找这
一概念多方面的线索。

虽然我们并不排除真正共同体的内在作用,然而它们的特征不是心理学的亲密、政治上的公民性或实用的问责制度。这种共同体模型更深层地进入存在论和认识论的领域,进入有关现实的本质以及我们如何认识它的假设中——而一切的教育都是以此为依据。真正的共同体的特征体现于这一主张中:*现实是共同联系的关系网,我们只有存在于这种共同联系中才能认识现实。*

这话说得很大,但用一个小故事就能说清楚。我以前曾在一所著名的研究型大学演讲与教育共同体有关的主题。当我演讲时,我的眼睛不断地被坐在礼堂前面一个一直很注意聆听的高个子听众所吸引。他是位庄重的绅士,70 岁出头,衣着十分讲究,留着一头很引人注目的白发。

当我们开始讨论时,这位先生很快站起来自我介绍:"我是史密斯(Smith)博士,曾获得某某杰出奖的生物学荣誉退休教授。"

我知道学术界的横蛮指责往往从虚伪的谦恭开始,也觉察到他的自我介绍有点傲慢,我很快得出一个结论:他想与我共进午餐,不是把我当客人,而是把我当头盘先吃掉。

他继续说道:"我实在没法理解大家为什么在高等教育中的共同体这个问题上小题大做。说到底,它不过是点明了生物学的基本原理。"

然后他坐下了。

过了好一会儿我才明白他不是在攻击我,而是在用学术界中的礼仪所规定的简单方式肯定我。一旦我了解了他的意思,这位教授和我开始对他评论的意义展开了生动而有益的交流。

在两代或三代人以前,从来都不会有生物学的教授宣称共同体符合科学的基本原理。相反,早期的生物学家会嘲弄我的教育共同体是一个违犯了他们学科主要原则的浪漫谬见:生活是个体之间从不间断的战斗,是一个你死我活的斗兽场。丁尼生(Tennyson, A.)①的名言中自然代表了早期生物学家的观点:"动物的牙和爪都染满了鲜血。"而崇尚社会达尔文主义的学者更基于这个自然影像,把人际关系看成是适 96

---

① 译者注:阿尔弗雷德·丁尼生爵士(Lord Alfred Tennyson),英国诗人。

者生存、物竞天择,而文明只不过是虚饰的外表。

但在今天,我们对于生物学事实的形象已经被转化了。生态学的研究提供了一张聚焦在合作共舞多于恐怖战斗的照片上,这是一张包罗万象的生物网的照片。竞争和死亡没有从自然世界中消失,但是死亡现在则被视为共同体生活的一部分,而不是个人生命失败的结果。

从分裂和竞争到共同体和合作,这个现实形象的转变在过去50年以来几乎不断发生在所有学术理念中。由于物理学一直被尊崇为最"严格"的科学,而且物理学从最根本层面上描述了我们的身体和栖息地,它提供了另一个有力的例证。

在刚开始时,物理学根据一个比苏格拉底(Socrates)更早的哲学概念,形成物理学中原子的概念,然后当现代的物理学者分析事实与其构成部分时,渐渐具有了预言性,甚至具有政治影响力。当持简化论的科学家的概念与社会分化的现代经验结合在一起时,"原子说"变成我们这个时代最具代表性的文化象征:我们和我们所居住的世界只是一个整体的幻影,底下潜伏着分裂的现实。

但是近代物理学研究的现实形象则使这种原子说显得天真。通过一系列的重大实验,物理学家已经证实,即使它们之间"相距太远,在可用的时间内根本无法沟通",次原子颗粒的举止表现也"好像彼此之间有某些交往和联系"。[4]这些所谓的粒子,不管时空相隔多远,似乎彼此都有联系,使它们更像是互动、互相依存的共同体的参与者,而不像分离的个体。

群体共享的隐喻非常适合物理学家根据实验结果来描述世界。戴维斯(Davies, P.)则说:"不论它们最终是否会分开,然而系统之间曾经彼此互相影响,令人惊讶地验证了种族平等者的观点。"[5]斯塔普(Stapp, H.)①说得更坚决:"一个基本粒子并不是一个独立存在、无法 97

---

① 译者注:美国物理学家亨利·斯塔普(Henry Stapp),1993年出版了著作《精神,物质和量子力学》(*Mind, Matter, and Quantum Mechanics*),记录他如何研究这项新的力量——他称之为自我导引的神经可塑性,或简称为心灵力。

分析的实体。它基本上是一整套不断向外延伸直至跟其他事物发生关系的联系实体。"[6]

当物理学家由描述进入到探讨为何这些粒子并非单独自主地行动，而是有各种关系时，就涌现了群体共享的隐喻。博姆（Bohm, D.）①认为，物理世界中的现实与人类的基因组一样，都由一张看不见的信息网组成，它是一个极其复杂且由信息编码组成的共同体，"整体的基本固有秩序的信息分解成某一特殊领域和粒子次序的明确秩序。与之类似……在一张全息摄影的相片中，每个部分都能照到关于整个物体的三维空间的信息。如果你把全息摄影的相片分成独立的小块，用激光照在任何一块上都能看到整个影像"。[7]

著名的现代科学诠释者巴伯（Barbour, I.）描述了我们对于现实影像认识的不同阶段，直至如今才用"共同体"这个名字来描述物质世界的重要特征。在中古时代，我们把现实看成是心智和物质的实体或是"东西"。在牛顿（Newton, I.）的时代，我们的影像是原子论，"不把实体视为现实的基本性质，只去关心单独的粒子"。[8]

但是在我们的时代，"自然被认为是有关系的、生态的和相互依赖的。现实是由事件和关系构成的，而不是由分开的物质或分开的粒子所组成的"。按照巴伯的观点，我们现在一定要把自然看成"历史性的相互依赖的生物共同体"。[9]

走向了解真正共同体的第一步是去理解共同体是现实的必然形式，它是一个所有生物共存的矩阵。下一步把我们从现实的本质带到我们怎样去理解它：*只有亲身处于共同体之中，我们才能理解现实*。

现代物理学已经揭示了认知需要或允许知者与被知者之间分离的错误观念。物理学家没法在不改变他们的认知的情况下学习次原子粒子，因此我们不可能像前现代科学的假定那样维持一个"在那边"的世界和"在这里"的观察者间的客观缝隙。求知者和已知者是

---

① 译者注：英国物理学家戴维·博姆（David Bohm）提出了能够证明东西方神秘传统中存在着令人惊异相似性的科学理论。

连在一起的,所以对于已知世界本质的主张也同样能反映在求知者的本质上。

在宏观的领域中,特别是当我们不再被"真正的"科学一定要分离 98 的神话所约束时,知者和被知者间的共栖性就显而易见。不论是从社会学、心理学还是从历史学方面来看,如果不在已知者的身上留下求知者的记号,一个人怎么可能去理解另一个人呢?一位文学批评家怎么可能通览整本小说展开的领域而没有留下个人经验的足迹呢?

但是关系认知重要且又时常被误解的特征是:关系认知能把人类的联系能力转化为力量。作为知者,我们不再需要因为我们渴望与他者建立联系而遗憾,也不用刻意地为了"克服"这个"义务"而把我们自己和世界分离。

现在可庆幸的是,由于我们是人类的成员,我们也确确实实是宇宙共同体中的成员:在最遥远的太空之中,天文学家已经发现了正在爆炸的星球原来有构造你和我身体的最原始的原子温床。倘若我们只呆在这里当观察者,而不去做世界的参与者,我们永远也不会具有求知的能力。

化学家波拉尼(Polanyi, M.)在其划时代巨著《个人化的知识》中,展示了科学如何依赖这样的事实:由于"生存在"世界之中,我们获得世界的"非言语知识"——这是我们获取清晰的、明确的知识所依靠的含糊或"缄默的"知识形式。[10]

若无缄默的知识,科学家在揭示问题、提出大有可为的假定,以及朝着真理可能存在的方向获得丰富的直觉和洞察等方面都会感到无所适从。让我们发现任何事情的线索都是源自我们与现实的联系,这种联系正如我们身体内和万物中的原子一样深不可测,一直以来都是这样,将来也是这样。

基尔维克(Gelwick, R.)是波拉尼思想的解释者,他指出:大家都认为客观主义是理所当然的,波拉尼对于认知的个人元素的见解时常被人误解,甚至连他的追随者也是如此:

在公开演讲中,我多次听到波拉尼纠正站起来支持他的人,人们会说他们同意所有知识里面都有一种个人的元素……然后 99 继续说这种个人的元素很危险,我们应该把它的影响降至最低。波拉尼……就解释说,个人的影响力不应被淡化,而是应被理解成重要的元素,它能引发我们的突破和新的发现,这在人类的认识论中根本说不上是什么不幸的欠缺。相反,它是发展文化、文明和进步的基石。[11]

真正的共同体是这样一个认知形象:既拥抱所有事物所依赖的生存巨网,又拥抱身陷网中那些恰好对我们认知事物有益无害的事实。这个形象不但托起了人类的存在形式中显见的联系,不论是亲密性、公民性还是责任性,还包括了我们与非人类的存在形式的隐性联系。它是一种共同体模式,有能力担负认知、教学和学习的教育使命。

重 温 真 理

如今真理一词在教育圈子里说得不多了。说真理意味着一个比较早期和天真的年代,当时人们确信他们能找到真理。但是现在我们明白这并不可能,所以我们不再用这个词了,因为怕令自己感到困窘。

当然,撇开真理所具有的指导性不谈,我们不再用这个词并不意味已经完全从观念中解放了。相反,我们越不去谈论真理,我们的认知、教学和学习的过程就越有可能被传统和神话式的真理模型深深地支配,客观主义者模型已深深地埋入在我们的集体无意识之中,不理睬它就等于赋予它力量。

因为真正的共同体有可能取代无意识和神话式客观主义,如果我先把客观主义者的神话直观地展示出来,我会更容易描述我的教育共同体的前景和它的运作方式,我把它画在图 4.1 之内。

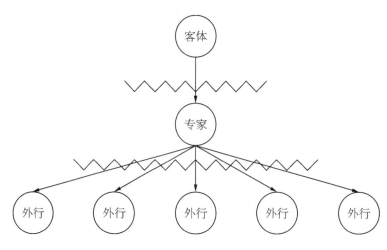

图4.1 客观主义者关于认知的神话 100

这个神话式的、但占主导的认知真理和表述真理的模式有四种主要的元素：

1. **知识客体**是指"脱出于"某处、在物质和观念空间上纯洁的、为某个既定领域的"事实"所描述的东西。

2. **专家**是一些被训练去认识这些客体的纯洁模式的人，他们不会让他们自己的主观意识玷污这些客体的纯洁。这种训练发生在一个被称为研究所的遥远地方，其目的是彻底地抹去一个人的自我感觉，以致他成为一位世俗的牧师，或是一位纯洁的知识客体的守护者。

3. **外行**是指未受教育而且充满偏见的人，他们完全信赖专家为他们提供有疑问的原始客体的客观而纯洁的知识。

4. **障碍波**是指在客体和专家之间以及在专家与外行之间的传输 101
点——让客观的知识向下游动，同时阻止主观性从下向上回流。

障碍波的形象来自于我无意中听到的这样一句奇特的话："我们似乎并不介意文明（经排水沟）流失掉，只要排水沟不倒灌就行了！"客观主义一心追求知识的纯洁性，要不惜一切代价避免主观性的渗透——就算代价是知识的"非文明化"，以至于使我们无法适应真实生活的复杂性，也在所不惜。

在客观主义者的(认知)神话中,真理从上向下流动,从了解真理的合格的专家(包括那些认为真理只是一个幻影的人)到只有资格接受真理的外行。在这个神话中,真理是一组关于客体的假设;教育是一个把这些假设运送给学生的系统;而一个受过教育的人能记住而且重复专家的建议。该形象是分层级的、线状的和有强迫性洁癖的,真理就好像是经过消毒的传送带输送而蓄存起来的纯洁产品那样。

这个神话只有两个问题:一是它错误地描写了我们的经验过程;二是它极度地扭曲了我们的教育方式。我知道起码有上千间教室内的教师、学生和主题间的关系看起来就是这样。但是我从来没听说过任何领域,从天文学到文学到政治学到神学,在不断去探索真理的过程中有丝毫与这种神话似的客观主义相关的地方。

真正的共同体代表着相当不一样的认知(见图4.2)。在真正的共同体中,犹如真实的生活,不存在纯粹的知识客体,也没有绝对权威。在真正的共同体中,犹如真实的生活,真理并不生活在假设之中,而教育要远胜于把假设运送给消极的听众。在真正的共同体中,认知、教学和学习的过程看起来并不太像通用汽车的生产线,更像一个市民大会,不太像一个官僚机构,更像一个热闹的市集。

真正的共同体,事实上是许许多多的共同体,遍布在广阔的空间,随着时间不断改变。我用一个单数名词去表示,因为在任何一个领域,众多的共同体是由这一事实形成一致性:它们会聚集在一个共同的主体周围,并会遵守让它们以同样的方式去接近这个主体的共同规则和解释。而20世纪美国生物学家和18世纪瑞典的林奈(Linnaeus, C.)①及他的同事,虽然他们在理论和技术上存在巨大的分歧,其实在聚集于主体周围这点上是一致的,这种一致性令这一形式的共同体长久不衰并发展成为我们之中最有影响力的社会模式之一。

---

① 译者注:林奈(Linnaeus, C.),瑞典博物学家。曾发表《林奈分类法》及《林奈式动植物分类法》。

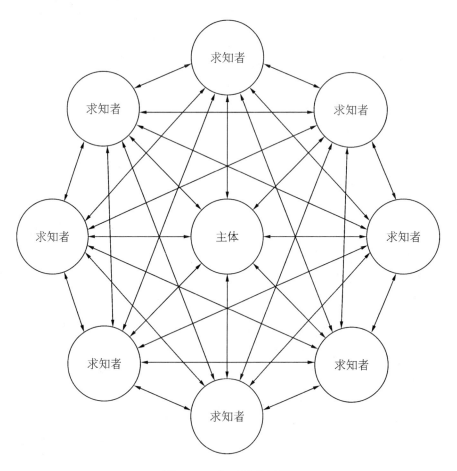

图4.2. 真正的共同体

在这个共同体的中心总有一个主体与位于客观主义阶梯顶端的客体相对照。这种区别对认知、教学和学习的过程起着决定性的作用:**主体可以用来发展关系;而客体则不能。** 当我们把他者看成主体时,我们就不会疏远他。我们就是在关系中、并透过关系认识它,就像麦克林托克和她研究的玉米所建立起的关系那样。

正如图表所示,当我们让主体占领我们的注意中心时,这种关系就开始了。这跟把专家摆在我们注意中心的客观主义是截然不同的:根据客观主义,认知的客体离我们如此遥不可及,结果只有通过专家来联

103

104

系了。

当我们让主体成为我们的注意中心时，我们就赋予它通常只会赋予人的尊敬和权威。我们赋予它本体的意义，就像麦克林托克赋予玉米穗的关注和意义那样，承认它独特的身份和完整。[12] 在真正的共同体中，连接着我们所有的关系的核心是重要的主体本身——不是亲密性，不是公民性，也不是问责性，而是活生生的主体的力量。

当我们试图去了解真正的共同体的主体时，我们就展开各种复杂形式的沟通——分享观察和释义，互相纠正和补充，一时因论争而分开，但接着又因达成了共识而结合。真正共同体绝对不是线性的、静态的、分等级的，而是圆形的、互动的、动态的。

若运作得好，真正共同体就是透过论争而不是竞争来推进我们认知的。竞争是个人为了牟取私利而秘密进行的、得失所系的比赛；而论争是公开的，有时是喧闹的，但永远都是群体共享的。在这个公开的、群体的论争中，每个人都有可能在学习和成长的过程中成为胜者。竞争则跟共同体相对立，腐蚀瓦解关系结构。论争是我们公开挑战彼此想法的动力，是彼此考验、更好地认识世界的群体努力。

群体的动力是由观察和解释的规则所支配的。通过引入论争的焦点和原则，这些规则有助于把我们界定为共同体。要真正加入共同体，我们必须遵守它的原则、标准和程序。而标准和程序又因学科领域不同而不同，从艺术史到化学到哲学，每个领域的标准和程序都不一样。虽然这些标准理据充分，但非刻在石头上一成不变：它们随着我们对主体认识的演进而演进。我们可以挑战并且改变标准，但是我们必须以公开的、大家都接受的方式为任何改变提供充分的理据。

通过对我们认知的探索，一个真理的概念突现出来：*真理是怀着激情和原则就重要事物进行的永恒对话。*

跟客观主义者不同，我不明白真理存在于我们就知识客体所得的结论之中。既然结论不断改变，怎么可能？我所理解的真理是激情和有原则的质疑过程与对话本身，正如不断挑战旧结论和产生新结论的共同体中的动态对话。

我们需要知道目前的结论才能开始对话。但不是因为我们对结论的认识使我们处于求真之中，而是因为我们对对话本身有承诺，我们愿意把我们的观察和解释提请共同体考验，以及对别人的好意作出回报。要处于求真之中，我们一定要知道该如何怀着激情和原则在群体中围绕着一个已知的主体观察、反思、对话和聆听。

如果真理是永恒的对话，而它的结论和标准又不断改变，那么客观的知识这个概念怎么办呢？我认为除了客观主义者的神话以外，我关于真理的概念并没有改变任何关于客观性的性质。

据我所见，我们所拥有的、惟一的"客观"知识来自于依双方同意的程序规则观察主体，并且就他们观察所得进行辩论的人们构成的共同体。不论是科学还是宗教，我从没有见过任何领域，我们取得的客观知识不是从长期的、复杂的、现在还继续的群体的对话中得出来的，没有任何领域中的事实真相是由上而下传递的。

我们现在所拥有的知识的最坚实的基础就是真正的共同体本身。这个共同体永远不能给我们终极的肯定——这倒不是由于它的过程有欠缺，而是终极肯定对我们有限的心智来说是遥不可及的。但是只要我们愿意把我们的看法、我们的观察和我们的理论——真的，连我们自己本身——都交给共同体验证，那么共同体仍大有可为：把我们从无知、偏见和自欺中拯救出来。

我否定了客观主义者的模式，也不认同那种把共同体所作的任何决定都说成是真理的相对主义，因为真正的共同体还有认识真理和表述真理的超验性特点，这令我们既超越相对主义也超越绝对主义。在弗罗斯特（Frost，R.）的对句中对这个特点有最贴切的、最令人信服的解说："我们围着圆圈起舞，但是秘密就坐在中间且知悉一切。"[13]

弗罗斯特尊重处于真正的共同体中心位置的主体的超验性秘密，这是个被绝对主义混淆的秘密，因为绝对主义宣称我们能知道事物的全部现实；同样，这也是个被相对主义混淆的秘密，因为相对主义宣称除了我们所知道的事物并无现实。主体了解它本身远胜于我们对它的认识，而且只要它保存自己的秘密，就能永远避开我们。

假若不是这样的话,认知的进程早在很久前就完全停止了。为什么我们不满足于前苏格拉底的物质世界观? 为什么不满足于中古或早期现代科学的物质世界观? 为什么我们甚至于到现在还不断挑战我们今天所持的观点? 因为我们的注意力的中心是主体,主体不停地呼唤我们去深入地发掘它的秘密,主体拒绝被局限于现有的结论。

朝我们呼唤的主体概念不只是个隐喻。在真正的共同体中,求知者并非是惟一的活跃分子——主体本身也参与认知的辩证。当奥利弗说:"整个世界任你想象翱翔,像大雁般朝你呼唤……,……宣告,你在万物之家的地位。"[14]

我们说,认知始于我们被某一个主体所迷住,但迷住是主体在我们身上作用的结果:地质学家听到岩石说话;历史学家听到辞世已久的人的声音;作家听到字词的音乐。世界万物向我们呼唤,我们被万物迷住——我们每个人都为不同的事物所吸引,正如我们每个人都为不同的朋友所吸引一样。

一旦我们听到那呼唤并作出回应,主体便把我们从自我中呼唤出来并进入它的自身之内。在最最深处,认知要求我们想象主体的内观——不论是那历史时刻、那文学人物、那石头或那玉米穗。正如一位从事研究的科学家所言:"如果你要真的了解肿瘤,你必须成为肿瘤。"[15]

若不跳出我们自己的框框,我们就不可能很好地认识这个主体。 106
我们必须相信主体的内在生命并全情投入之。若我们既不相信也不培养我们自己的内心世界,就没有全情投入可言。若我们像客观主义者所习惯的那样,否认或蔑视求知者的内心世界,我们就失去了凭直觉获知——更说不上进入——被知者内在生命的能力。

为了深入探索世界的秘密,麦克林托克所从事的那种科学需要人深入探索自己的秘密,成为某位同事所指的麦克林托克那样的人——"这个人知道秘密藏在哪里",而且不会(对自己)"迷惑不清"。[16]

当我们聚集在真正共同体主体的周围时,就不只是我们纠正彼此的认知尝试、否定模糊的观点和错误的解释。主体本身也纠正我们,以它自己的身份优势抵制我们错误的构想,拒绝被我们自以为是地命名为他者。

随着我们的认识日益深入,主体最终得以命名,我们也得出结论,我们认识它了。但是超验性的主体随时会给我们惊奇,呼唤我们开始新的观察、解释、命名,进入永远无法完全说定的神秘世界。

就是超验的开放性把真正共同体与绝对主义和相对主义区分开来。在这个共同体里,认识真理和陈述真理的过程既不是独裁式的也不是无政府主义的。相反,它是一场亲和与距离、说话与聆听、知与未知间复杂而永恒的共舞,令求知者和被知者成为合作和共谋的伙伴。

伟大事物的魅力

真正共同体是载着教育使命的概念,因为它接受这样一个基本事实:我们所归属的现实、我们渴望了解的现实,远远超越了人类彼此间的互动。在真正的共同体中,我们人类也与非人类形式的事物互动,它们与人类同等重要、一样强大,有时甚至比人类更重要、更强大。这个共同体并不只是借着我们个人思想和感觉的力量结合在一起,亦因"伟大事物的魅力"[17]而结合在一起。

"伟大事物的魅力"的提法来自里尔克写的一篇论文。当我读了它之后,我明白我们的教育共同体的传统概念忽略了把我们召集在一起,呼唤我们去认知、去教学、去学习的伟大事物与我们间的关系。我看到,当排除伟大事物的魅力而全靠我们自己相当有限的魅力时,教育共同体就变得渺小了。

我所指的**伟大事物**,是求知者永远聚集其周围的主体——不是研究这些主体的学科,也不是关于它们的课本或解释它们的理论,而是这些视为主体的事物本身。

我所指的是生物学的基因和生态系统、哲学和神学的隐喻和参照系、文学素材中背叛与宽恕以及爱与失的原型。我所指的是人类学的人为现象和族裔,工程学的原料的限制和潜能,管理学的系统逻辑,音乐和艺术的形状和颜色,历史学的奇特和模式,以及法学领域里难以捉摸的正义观等。

诸如此类的伟大事物是教育共同体的重要聚焦点。正如原始人一定曾经聚集在火堆周围,透过聚集在它们周围并尝试去理解它们,我们成为求知者、教师和学习者。若我们处于最高境界,表现出色,那就是因为伟大事物的魅力诱发出我们的美德,赋予教育共同体最佳、最优的状态:

- 我们邀请*多元化*进入我们的共同体之内,不是为了行政上正确,而是因为伟大事物各式各样的奥秘需要多元的观点。

- 我们采用**多重含意的解释**,不是因为我们很困惑或不能作出决定,而是因为我们清楚我们的概念不足,不能包含浩瀚的伟大事物。

- 我们欢迎***创见性的论争***,不是因为我们愤怒或怀有敌意,而是因为有必要透过论争来纠正我们对于伟大事物本质的偏见。

- 我们奉行***诚实***,不仅仅是因为我们应该彼此真诚相待,还因为对我们亲眼看到的事物说谎就等于出卖了伟大事物的真理。

- 我们体验***谦卑***,不是因为我们打了败仗、输了,而是因为我们只能透过谦卑这片透镜看到伟大事物,而一旦我们看到了伟大事物,谦卑是我们惟一应有的态度。

- 我们透过教育成为***自由的***人,不是因为我们得到了特殊的信息,而是因为只有被伟大事物的魅力所吸引才能战胜任何形式的暴君。

当然,教育共同体不可能总是在最佳状态! 我们很容易举例证明,真正的共同体有被与上述美德相反的力量所驱使的时候。《双螺旋桨》是一本记载这样的故事的书:华生(Watson,J.)和法兰西斯·克里克(Crick,F.)发现脱氧核糖核酸(DNA)的故事就是一个显示处于学术事业核心的自负与竞争、愚蠢与贪婪的个案。[18]

令我着迷的是,这个故事中的两位主角在接受纪念他们的发现40周年的访问时,谈及自从他们第一次遇上这个名为DNA的伟大事物,他们的美德和品质如何得以升华。

108

华生说:"分子是如此美丽。它的荣耀照射着我和法兰西斯。我想我的余生都会花在尝试去证明,我差不多等于跟DNA缔合,这工作真不易。"

曾被华生描述为"我从未见他谦逊过"的克里克面对DNA的回应则是:"是个分子抢了咱俩的风头。"[19]

克里克的谦卑也许不很典型,有点勉强,但就是因为这样,使这个例子更能说明真正的共同体的力量——在共同体中我们自己的工作日程有时会被伟大事物的魅力抢尽了风头。当伟大事物消失时,当他们失去了对我们的生命的引力时,我们就会偏离群体的轨道,堕入装模作样、自我陶醉和傲慢的黑洞里。

伟大事物如何消失? 当促成(或损害)教育共同体的形象更倾向于建立亲密关系、为多数人服务的规则,或依附市场,而非求知、教学和学习时,即使它们不会一下子全部消失,也会变得暗淡无光。但是伟大事物有更深的隐患威胁:它们会被那种知识分子的傲慢所摧毁,这种傲慢企图把伟大事物降格为我们头脑中的策划。

在绝对主义或相对主义面前,伟大事物皆消失。有了绝对主义,我们宣称精确地知道伟大事物的本质,因此没有必要继续与伟大事物或彼此之间展开对话。专家掌握事实,他们所做的事就是把那些事实传给那些不知道的人。有了相对主义,我们宣称知识完全依赖一个人的立场,因此除了我们的个人观点以外,不能准确地知道任何事情,所以也没必要继续与伟大事物或彼此之间展开对话:你有你的真理,我有我的另一套真理,根本不必理会彼此间的差异。

当然,伟大事物绝不会真的消失——它们只会从我们人为的视野中消失。伟大事物本身顶得住所有人类傲慢的攻击,因为它们是生命本身和思想命脉中不能缩减的元素。问题是,我们要不要摒弃那种或者宣称完全地认识世界、或者宣称发明世界的随心所欲的傲慢? 我们要不要承认伟大事物的独立性,承认它们具有改变我们生命的力量?

只有允许它们有自己的生命,我们才能体验伟大事物的力量——令它们拥有区别于物体的本质,拥有自身认同和自身完整,拥有不依赖我们和我们对它们的想法而存在和转化的品质。

为了更全面地认识这一点,我们只需看一看当我们剥夺伟大事物的完整后会发生什么事。在文学研究中,如今经典作品的通常教法是透过分析把文本批得体无完肤,令作者及其时代的偏见昭然若揭。从这个立场出发,《白鲸记》深入探索傲慢和命运这等人类经验的伟大事物变得都不重要了,重要的只是梅尔维尔(Melville)是一个家长式专制而又偏执的人。

登比(Denby, D.)①已经显示了这种立场的傲慢:它令教师和学生都有优越感,都比作品优越,结果除了学会我们多么优越外,我们被剥夺了从作品中学到任何东西的机会。[20]当我们已经认定一篇作品或一个人道德败坏时,就不可能与其建立起学习的关系了。当我们把伟大事物贬低到如此地步、将其打入不屑一顾的类别时,我们抢走了它们的自我意识而且剥夺了它们的发言权。

认为所有伟大事物都有内在生命且与我们自己的内在生命对话——如果我们创造这样的机会,这并非故弄玄虚。文学作品仅仅是这种声音最鲜明的一个例子,这声音极其清晰地越过巨大时空的鸿沟来联络我们。纳粹第三德意志帝国的历史是以一种邪恶的声音说话,只要我细心听,也会在我自己的心灵里找到回声。

一位海洋生物学家能拾起一只贝壳,透过细心聆听,知道很多关于它的寄居者的一生和它的物种进化。每个地质学家都知道岩石也会说话,跨过远比有记载的历史更宽的时间鸿沟向我们诉说它的故事,假若人类的声音是我们可以听到的惟一的声音,我们永远不会知道这些故事。

迪拉德(Dillard, A.)的著作中有一本书的名字叫做《教石头说话》,但是迪拉德想说的真正的议题是教我们去聆听。[21]只有发展和深化了我自己的内心世界,我才能理解任何伟大事物的内在生命。我不

---

① 译者注:美国作家大卫·登比(David Denby)曾著有《伟大的书》,作者从人文系毕业30年后回到哥伦比亚大学重温西方名著的精神漫游。

可能从别的生命里得知连我自己生命里都不认识的事物。

结论似乎很清楚了：在认识到我们自己本身就是伟大事物之前，我们不可能认识宇宙中的伟大事物。绝对主义和相对主义不但摧毁了世界的事物，也摧毁了我们认识自己的意识。我们在傲慢地高估自己和奴性地低估自己之间不断被鞭挞，但是结果总是相同：一个扭曲了的既自卑又自大的人类自我现实，一颗花了天价买回来的似是而非的珍珠。

我曾经听过一个虔敬派①的故事："我们需要一件有两个口袋的外套。一个口袋装泥土，另一个口袋装黄金。我们用一件有两个口袋的外套提醒自己：我们是谁。"[22]在伟大事物魅力的凝聚下，认知、教学和学习就会源源来自拥有这种外套、并每天穿着它上课的教师们。

认 知 与 神 圣

认知的影像是本章的核心——对我来说，像真正共同体、伟大事物的魅力、超验性的主体、"坐在中间且知之"的"秘密"——这些影像都是从我神圣的现实体验和真实的神圣体验中浮现出来的。其他人可能从不同的出发点达成相似的理解。但是我相信认知、教学和学习都植根于神圣的土壤，继续我的教师职业需要培养一种神圣感。

我很清楚地知道认知与神圣联姻并不一定会生下令人羡慕的子孙。但是教育的历史会证实，神圣灵性总要胜于惯于播撒恶种的世俗主义。宗教的病理学研究——从恐惧到固执到刻板的正统学派——我没见过哪种不是以世俗形式，在学术界的小树丛中得到舒适的安身之地的。教育的健康发展依靠我们有能力把神圣与世俗结合在一起，以便彼此间互相纠正、互相充实。

我所说的*神圣*是什么意思呢？这是一个似非而是的概念——就像

111

---

① 译者注：虔敬派（Hasid）是虔诚的犹太教派之一，严格地遵从净洁和独立的祈祷仪式，反对世俗研究和犹太教的惟理论。

在探索万物中最深层的真理时我们所期待的那样。一方面,这个词指向一个无法形容的无限超越的观念和定义:奥图(Otto, R.)在《神圣的概念》一书中把神圣定义成圣洁的信念,是一种*极度神秘*的概念,是现实内心的精神能量。[23]另一方面,简单地说,神圣就是"值得尊敬"。体验*极度神秘*不是我日常生活经验中的主要内容,所以我没法靠源源不断的神圣精神能量来振奋我的教学。但是我能做到对世界伟大事物的尊敬永远持续不断。

许多评论家注意到我们社会关系中越来越多的不敬,以及这种不文明的无礼趋势对民主制度的未来的可悲后果。但是太少人注意到我们越来越多对"伟大事物的魅力"的不敬,以及这种不敬对未来的教与学和心智生命所带来的可悲后果。

在一个充满不敬的文化中,教育遭受的命运最可悲——教育变得平庸了。当什么都不再神圣、不值得尊敬时,我们最多只能达至平庸。立身于令人赞叹的宇宙之中,将其奇妙都简化、过滤掉,用数据逻辑将惊奇除掉,用我们自己头脑的缩尺将其奥秘都缩掉,还有什么能比这些更乏味、更平庸呢?而看不到任何值得我们尊敬的他者就是一切平庸的根源——包括阿伦特(Arendt, H.)所说的"邪恶的平庸"。[24]

世界没有了神圣,内在景观不再丰富多彩,就没有奥秘可言了。漫游世界不再是走过大草原、穿过森林、跨洋过海;不再是走过沙漠、跨过高山、穿过峡谷;不再是从深耕细作的肥美良田到原始荒原。非神圣化的景观是极其单调乏味的,没有了纹理和凌乱,没有了色彩和灵光——穿越的旅程很快就变得说不出的沉闷了。

假若这只是美学的失败,那已经够糟糕了。但是非神圣化的乏味景观的影响远远超过了感官的疲累。它产生了一种降低我们认知、教学和学习能力的特定精神病:我们失去了惊喜的能力。

在错综环绕的神圣的景观里,惊喜是位长时间的伙伴:它悄悄地等在转弯处,或隐藏在下一道山谷中;虽然它有时让我们吃一惊,但常常给我们喜悦。然而在非神圣化世界的单调乏味的平地上,因我们在那里已经习惯了看到事物在远没到达之前已朝我们而来,所以既没指望

112

惊喜也没迎接惊喜。当它突然不知从何处出现时,我们会感到恐惧,甚至于可能以暴力回应。

这样的事就发生在学术文化里。当我们对不符合我们传统体制的新想法感到吃惊时——例如,主张感觉与事实同等重要这一教学见解,或者麦克林托克的基因会"跳跃"或可转位的科学假设时——就出现了上述的回应。

我们并不总是欢迎这些新奇的观念。相反,我们把它们当成讨厌的无稽之谈打压下去;如果利害攸关,我们甚至可能把它们当作战场上想夺得战略优势的敌人摧毁掉。遗传学家沙比路(Shapiro,J.)①对这种典型的抗拒作了很妙的概述:他指出,麦克林托克的可转位元件的新闻是"新的想法如何被科学团体冷淡地对待的例子"。麦克林托克当初宣布这个现象时,人们都称她疯了;"然后他们说那只是玉米特有的;然后他们说那是到处都有的,却没有任何重要性;最后他们终于认识到它的重要性了。"[25]

对于惊讶可能有不同的回应,使我们由一个新想法产生另一个新想法——这有时叫作思维过程。但是在一个平淡、非神圣化的文化中,当我们碰到了惊讶或被它威胁时,是不会发生任何思考过程的。相反,我们本能地找一件我们会用的武器或我们很久以前已经熟记的旧想法来防护自己。

在这个危险的时刻去思考一个新的想法会令我们无可防范、容易受到伤害,我们不知道暴露以后别人会从哪个方向攻击我们。因此我们抓住一个老观念、一根因以前多次使用令我们熟知该如何挥舞的观念棍子,把惊讶打死——要不然我们会在它玷污我们的思想之前就逃之夭夭了。给他吓怕了,出于恐惧作出反应,我们让这种古老的或打或逃的综合征为所欲为,葬送掉所有学习新事物的机会。

这种反应经几百万年的进化变得根深蒂固,因此看来它可能无法

---

① 译者注:加拿大科学家詹姆斯·沙比路(James Shapiro)等建立了成功进行胰岛细胞移植的爱德蒙特方案。移植大量的胰岛细胞并采用与以前不同的免疫抑制疗法。

改变。然而有些生理学的证据显示并非如此。[26] 通常,当惊奇事物突然出现使我们措手不及时,我们的视野范围会突然收窄,加剧那种或打或逃的反应——这是与斗力又斗智形影相随的"利眼"现象中强烈的、充满恐惧和自卫式的高度集中反应。不过在日本的合气道①自卫术中,这种视野突然收窄的现象被一种称为"柔眼"的功力所抵消。靠"柔眼"的功力,人学会开阔视野,放眼看世界。

如果你向一个毫无准备的人施以突如其来的刺激,他的目光就会变窄,或打或逃的综合征就会接踵而至。但是如果你先训练他的"柔眼"功力,然后给予相同的刺激,其反应往往是超验性的。这个人会转向刺激的方向,接受它,然后作出一个比较真实的回应,例如对这个新的想法作出思考。

我觉得,"柔眼"是在我们注视着神圣的现实时能引起感情共鸣的现象。现在我们的眼睛是开放的、善于接纳的,能看到世界的伟大和伟大事物的魅力。我们的眼睛因惊奇睁得大大的,我们不再因措手不及的惊奇而抵抗或逃跑。现在我们能把自己向伟大的奥秘开放。现在我们能邀请我们的学生进入这个叫作教与学的伟大事物,正如阿克曼(Ackerman, D.)写的生活与学习的妙事:"伟大的妙事,爱上了生命,尽情多姿多彩地生活,像悉心培育精神抖擞的良驹那样培育好奇心,天天攀山越岭,奔驰在茂盛的、充满阳光的山林。若没有冒险,情感的地带沉闷而僵硬;虽然也有山谷、山峰、崎岖的地形,生活中没有了壮观宏伟的地理魅力,只留下一段路。它从奥秘开始,又以奥秘终止,啊,其间的景观竟然如此荒凉,又会如此美好!"[27]

注释

[1] Mary Oliver, "Wild Geese," in *Dream Work* (New York: Atlantic Monthly Press, 1986), p.14.

[2] Page Smith, "To Communicate Truth," *Whole Earth Review*, Summer

---

① 译者注:一种日本徒手自卫术。

1987, p.55.

[3] Benjamin Barber, "The Civic Mission of the University," in *Higher Education and the Practice of Democratic Politics*, Bernard Murchland (ed.) (Dayton, Ohio: Kettering Foundation, 1991).

[4] Ian Barbour, *Religion in an Age of Science* (San Francisco: HarperSan-Francisco, 1990), p.107.

[5] Barbour, *Religion in an Age of Science*.

[6] Gary Zukav, *The Dancing Wu Li Masters* (New York: Morrow, 1979), p.94.

[7] Barbour, *Religion in an Age of Science*, p.107.

[8] Barbour, *Religion in an Age of Science*, p.220.

[9] Barbour, *Religion in an Age of Science*, p.221.

[10] Michael Polanyi, *Personal Knowledge* (Chicago: University of Chicago Press, 1960).

[11] Richard Gelwick, "Polanyi: An Occasion of Thanks," *Cross Currents: Religion and Intellectual Life*, 1991, 41 , 380—381. See also Richard Gelwick, *The Way of Discovery: An Introduction to the Thought of Michael Polanyi* (New York: Oxford University Press,1977).

[12] Evelyn Fox Keller, *A Feeling for the Organism: The life and Work of Barbara McClintock* (New York: Freeman, 1983), p.200.

[13] Robert Frost, "The Secret Sits," from *The Poetry of Robert Frost*, Edward Connery Lathem (ed.) (New York: Henry Holt, 1979), p. 362. Copyright 1942 by Robert Frost, © 1970 by Lesley Frost Ballantine, © 1969 by Henry Holt & Co. Reprinted by permission of Henry Holt and Co. , Inc.

[14] Oliver, *Dream Work*, p.14.

[15] Keller, *A Feeling for the Organism*, p.207.

[16] James Shapiro, University of Chicago, quoted in "Dr. Barbara McClintock, 90, Gene Research Pioneer Dies," *New York Times*, Sept. 4, 1992, p.C16.

[17] Rainer Maria Rilke, *Rodin and Other Prose Pieces* (London: Quartet Books, 1986), p.4.

[18] James D. Watson, *The Double Helix* (New York: Atheneum, 1968).

[19] Leon Jaroff, "Happy Birthday, Double Helix," *Time*, Mar. 15, 1993,

pp. 58—59.

[20] David Denby, *Great Books* (New York: Simon & Schuster, 1996).

[21] Annie Dillard, *Teaching a Stone to Talk* (New York: HarperCollins, 1982).

[22] A rabbi told me this Hasidic tale. I have not found it in print.

[23] Rudolf Otto, *The Idea of the Holy* (London: Oxford University Press, 1952).

[24] Hannah Arendt, *Eichmann in Jerusalem: A Report on the Banality of Evil* (New York: Viking Penguin, 1964).

[25] Sharon Bertsch McGrayne, *Nobel Prize Women in Science* (New York: Carol, 1993), p. 170.

[26] I am grateful to Dawna Markova, scholar and practitioner in the field of bodily knowing, for information about the fight or flight syndrome, "soft eyes," and the practice of aikido. For more on these subjects, see Andy Bryner and Dawna Markova, *An Unused Intelligence* (Berkeley, Calif.: Conari Press, 1996).

[27] Diane Ackerman, *A Natural History of the Senses* (New York: Vintage Books, 1991), p. 309.

第五章　教学于共同体中

——以主体为中心的教育

要看到一粒沙中的世界，

要看到一朵野花中的天堂；

将无限紧握于你的掌心，

将永恒捉住在片刻之际。①

布莱克(Blake, W.)，《纯真的预示》[1]

第　三　事　物

我们对世界的认知源自聚集在伟大事物周围的、复杂互动的真正共同体。但是优秀的教师所做的，要远超过把共同体中的新知识传递给学生。优秀的教师通过让学生积极参与真正共同体的动态演变，重复认知的过程。

如前所叙，优质教学一直在本质上是群体共享的，我也记得我曾说过教学并不等同于技巧。优质教学的后盾是共同体或联系性原理。然而这并不排除，不同的教师在创造共同体方面有不同的天赋，也使用了

① 此诗为余巍初译，杨秀玲博士润饰、审校。

截然不同的方法。

让学生参与真正的共同体,并不等于叫学生用椅子围一个圆圈,然后一起讨论。不论是在大的还是小的班级,采用演讲、实验室操作、野外学习、服务、电子媒体等传统或各种实验性的教学法,都可以产生联系感。正如教学本身那样,建造教育共同体一定不能简化为技巧。根据教师自身的认同和完整,可以由一个原则衍生出无穷无尽的变化。

116

但是我们传统的教学法原理并非是群体共享的。它以教师为中心,教师只把结论传授给学生。它假设教师掌握所有知识,而学生只掌握很少知识,或根本没有掌握任何知识。所以教师一定要传授,而学生一定要收受;教师制订所有标准,而学生一定要达到这些标准。教师与学生在教室中共处的时间里,并没有体验共同体,而只是为了避免教师重复地教授同一内容。

为了改革这种现状,一种反传统的全新教学法已经出现:学生和学习过程比教师和教学过程更为重要。学生蕴藏的知识将会获得释放,鼓励学生彼此间互相学习,问责的准则由小组间产生,而教师的角色则在促进者、学习同伴和必要的监控机制间变换。但我即将论及,虽然这听起来像是一个共同体,但它很容易会退化到远逊于真正共同体的地步。

这场辩论的一方是关注严密性、以教师为中心的模式,另一方是关注主动学习的、以学生为中心的模式,有时我们会被这两极对立的模式弄得无所适从。我们发现两种方式均有启发性和优点,但两者又未能完全解决问题。当然,这使我们又一次陷入非此即彼的境地。我们的内心由于无法在两者间取得平衡而饱受鞭挞,因此也无法把两种模式的优点融会贯通起来。

也许在真正的共同体形象中,有着融合两种模式的提示,就是主体"坐在中间且知之"。也许课堂既不应以教师为中心,也不应以学生为中心,而应以主体为中心。在真正的共同体模式中,课堂上教师和学生同时专注一件伟大事物,在这样的课堂上,让主体——不是教师或学生——成为我们专注的焦点,以教师为中心和以学生为中心教育的最优特质获得融合和超验升华。

如果我们要把课堂作为真正的共同体，一个让我们彼此坦诚相对的共同体，我们必须在教学的核心范围内，加入一件伟大事物，也就是**第三事物**。当学生和教师是惟一活跃体，共同体很容易自我陶醉，不是教师成为绝对的权威，就是学生永远不会犯错。直到我们建立起一条能同时度量教师和学生的宽松标尺——正如伟大事物能做的，才能建立一个能同时体验严谨和参与的学习型共同体。

任何情景的真正共同体都需要一种超验的第三事物，令你、我对超越我们自己的事物问责。这是教育领域外早已广为人知的事实。在宗教生活中，当一个共同体将终极权威赋予其封圣领袖或其成员的主流思想后，除非共同体已经发展成为一个能同时审判信徒和神父的超验性中心，否则只会沦丧成偶像崇拜。在政治生活中，超验性中心能把煽动恐惧的首脑及充满恐惧的追随者都召唤在一起，去从事超越恐惧的努力，所以当一个国家缺少了这样一个超验性中心，公民的生活就会沦落，有时甚至会沦落为法西斯恶行。

以主体为中心的课堂是以这样的事实为特征的：这第三事物真实地存在，且生动活泼，有声有色，以至于它能令教师和学生都要为他们所说和所做的一切负责。在这样的教室中，并不存在惰性事物。伟大的物质如此活跃，教师可以当学生，而学生也可以当教师，彼此都可以伟大事物的名义向对方发表其见解。在这里，教师和学生都拥有一种超越本身的力量——这就是超越了我们的自我专注、拒绝把我们削减为只需要自我关注的主体力量。

我可以用一个谦逊甚至于有点令人蒙羞的例子来说明这个核心概念。我想起一个曾令我感到十分困窘的时刻（也许你也有这种经历）：当对某一个课题作出一个评论时，一名学生发现这句话与我以前曾经说过的话，或者是书中的某一些内容，又或是学生从我或书本以外的地方所学到的知识相矛盾。

在一个以教师为中心的课堂上，给学生捉住你讲课内容矛盾，你会感到失败。你尴尬万分，为对应挑战会无所不用，其高超拳术足以令拳王阿里(Ali，M.)都难忘："当然,在你听来像是矛盾的,但是,如果你仔细去看看关于这个问题的原文——你可能没看过,因为原文是芬兰文写的——你就会发现……"

但是,在一个以主体为中心的课堂上,由于围绕着伟大事物,矛盾给人捉住的情景可能代表成功:现在我知道伟大事物活生生地、真实地存在于我们之间,所有用心注意它的学生都可检验、纠正我。在这一刻,伟大事物不再局限于我对它所作出的描述:学生未经中介而直接接触主体,他们可以运用他们的知识挑战我的结论。这不是尴尬时刻,而是为卓越教学欢庆的时刻。卓越教学就是这样赋予主体和学生他们自己的生命。

在一个以主体为中心的课堂上,教师的核心任务是要为伟大事物提供一种声音,一种能力——独立地把真理说出来,让学生听到、理解,而不需借助教师的声音。当伟大事物为自己说话时,教师和学生更可能进入一个真正的学习共同体,这个共同体不会瓦解于学生或教师的自我之中,而且知道要对核心的主体负责。

为了避免以主体为中心的课堂听起来怪异,我们来看一看幼儿园的情况:一位优秀的教师与一群五岁的小孩围坐在地板上,一齐读一个关于大象的故事。透过那些孩子的眼睛,几乎可以看见圆圈的中央真的有一只大象! 而且以那件伟大事物作为媒介工具,其他的伟大事物也进入房间,例如语言和传达意义的美妙符号。

或者考虑一下在越来越多的校园内开始流行的义务实习计划,这些计划把学生分配去参加与他们的学习领域相关的共同体活动。在一所州立大学的一个规模很大的政治系班级中,四分之三学生被分配按正常的课程大纲学习,其余的人除了要学这些内容外,还要去参加实习。人们可能认为后者的学业成绩会较差;毕竟,他们必须付出额外的时间和精力去完成实习任务,而且可能有人一开始就不喜欢这个安排。但是这些学生的学业成绩*更好*,而且在个人层面与这个学科建立起更紧密的关系,因为他们参与共同体工作时所遇上的伟大事物令他们念的书本知识更加真实。[2]

或者想想现在学生用数码科技手段学习的情况——如果我自己的经验能说明问题的话，这是一个把我们的注意力集中在伟大事物上的很特别的方式。我一直以来都沉迷于太阳系和它的运作，可是我在大学上的天文学课和我后来看的书都不能令我对理解的渴望得到满足。119但是当我最近坐在计算机前，操作只读光盘上的一个天文学"实验室"时，我已开始消化这门学问的基本原理，并从中得到了巨大的满足。

促进我学习的一个原因是计算机产生的虚拟实境力量。我能借此制造及操纵行星模型、它们的卫星、它们之间的关系、地心引力的游戏，把我的注意力扩展到无限的宇宙，然后我就像在家里一样，绕着它走一圈，而且走进去（然而，当我更清晰地理解我的概念时，它就是我的家！）。同时，我能马上透过相片和技术信息强化我的理解，同时还有图表告诉我晚上应该朝哪里观察天空。许多教室的学生现在能使用相似的技术，把自己和建筑学及动物学等学科中的伟大事物联系起来。

更具讽刺意义的是，客观主义虽然*貌似*把知识的客体看得高于一切，实际上却造就了一个以教师为中心的课堂。客观主义是如此沉迷于保护知识的纯洁，学生被禁止直接接触学习客体，以免被他们的主观性污染了。无论他们想知道什么，都一定要经过教师的传授，教师代替知识，成为它的代言人，并成为学生注意力的惟一焦点。

在极端的情况下，这种对客体纯洁性的探求以一位顽强地抗拒学科教学法改革运动的数学教授所说的话最具代表性："作为数学家，我们最主要的不是要对学生负责，而是要对数学负责：去保护、创造并提升数学的水平。我们是为了未来的几代人来保护这个科目。"他宣称，好学生是命中注定会成为数学家的人，好学生"能在任何教育体制下生存，我们的未来就掌握在这些人的手中"。[3]

由于诸如此类以教师为中心模式的被滥用，产生了以学生为中心的模式，但是它也同样被滥用。在一个以学生为中心的环境中，有时产生不经思考的相对主义倾向："你有你的真理，我有我的真理，我们不必去考虑它们之间的差异。"当学生被放在中心位置时，教师可能会放弃太多的领导权；当什么都以学生为标准，就很难再去正视个人或团体的无知和偏见了。

看到有可能建立一个以主体为中心的课堂后，我现在重新聆听学 120
生心中伟大教师的故事，"对主体的激情"往往是最常听到的特质
（激情不一定要嘈杂，也可以无声而强烈）。我总是以为激情使一位
教师出色，这是因为它把富有感染力的能量带进教室，但是现在我认
识了它更深层的功能。对主体的激情和热衷把主体而非教师推进学
习圆圈的中央——而且，当一个伟大事物是学生所思所想时，学生就
直接获取学习和生活的能量了。

在以主体为中心的课堂中，学生不会被忽略。这样的课堂尊重学
生最重要的需要之一：被引进一个比他们的经验和自我世界更大的
世界，那是一个能拓展他们个人界限，并扩大他们的共同体归属感的
世界。正因如此学生常常把伟大的教师描述为能把他们从未听说的
东西"讲活了"的人，他们给学生提供与他者相遇的机会，从而也令学
生生龙活虎起来。

以主体为中心的课堂也尊重教师最重要的需要之一：激活我们的
主体、我们的学生和我们的心灵之间的关联，令我们一次比一次完整。
把弗罗斯特所写的"秘密"放在那个圆圈中央，我们就想起当初激励我
们走进教师行列的那份激情——若只有我们和学生围着一个欠缺伟大
事物的圆圈坐，我们就记不起那份激情了。

从微观世界教学

一想到教学就是要开创一个实践真正共同体的空间——我就提醒
自己尽量少花时间用信息和我自己的想法把空间填满，而要多花点时
间营造一个学生与主体及彼此对话的空间——这时，我常听到一种发
自内心的不同声音："但是我的领域全是实际的知识，学生必须先掌握
了这些知识方可在这个领域内继续探索。"

这种声音催促我去履行接受教师培训时被要求的：用我的知识挤

满空间，即使这么做会把学生挤出去也在所不惜。我听着这种声音，此时以学科为中心的课堂模式变得非常有吸引力，但出于错误的理由：我可以滥用这种声音，以之为借口，让学科本身的内容要求填满所有空间。

当我抵挡不住那种诱惑时，那不仅仅是由于我所接受的培训或由于我的自我要霸占中心位置。跟许多其他我认识的教师一样，由于我具有专业操守，所以我把所有的空间都填得满满的，是专业操守使我要为我的学科完全负责，要为我的学生准备好升学就业负责。引述很多受到这种专业操守所驱策的教师的说法，专业操守要求我们"覆盖整个领域"。

这份责任感无可厚非。但我们由此得出的结论——若要覆盖整个领域就非得牺牲空间不可——是基于**空间**与**内容**互斥这一错误的假设的。要在真正的共同体中教学，我们一定要想办法把这对显性矛盾转变成一组悖论，而这组悖论既尊重一定要学会的内容，亦尊重学习过程所需的空间。

我们可以从一个简单的教学法事实开始：如果课程的目标是去传递很多信息，最差劲的方法就是不停地演讲（虽然演讲能很好地达成其他目标，稍后在我描述的方法中会提到）。人脑根本没法一面听滔滔不绝的演讲，一面把排成一路纵队行军而过的大量事实留住、记住。透过课本或电子版本传递事实更为有效，因为学生所做的事恰恰与大脑的功能相符：找出简短但反复出现的部分，先看一遍，然后再看一遍，再检查一次，然后再推敲一次，找出它们之间的相互关系并且应用。

当所有关于某一主题的事实一齐都灌给学生时，学生感到不知所措，对事实的掌握也一闪而过。为此，我们可能要重温那个覆盖整个领域的隐喻，它好比无意识地将教学描写成盖在草原上的巨型油帆布，没有人能看见它盖着什么东西，而油帆布之下很快会变得寸草不生。对那些被塞满了事实的课程占据的学生，这个比喻并不算过分：他们没有了解主题，记住足够的信息仅仅是因为渴望通过测试，而且他们永远不会重新拾起一本关于那个主题的书。

我们如何才能协调空间和内容之间的需求呢？我问自己这样的问题："在称为课堂的空间里,怎样最有效地使用我和学生共同分享的短暂时间?"此时,一些方法就开始出现了。

我不用这个空间告诉学生一般从业者就这个科目所知道的一切——因为学生既记不住也不懂如何用——反之,我要把他们引进那个领域的实践圆圈里,进入其真正共同体的版本。为此,我可以呈现少量关于这个领域的重要信息,帮助学生了解这个领域的从业者如何生成信息,检查并修正数据,思考数据,使用并应用资料,并与其他人分享之。

这样我就能提高教学效果,同时创造了空间并尊重所探讨问题的内容。但是怎么才能确保少量的重要信息足以代表任何庞大的领域以及我们试图认识的伟大事物呢？只要我们记住每个学科的核心都有一个格式塔、一个内在的逻辑、一个与伟大事物相关联的特有模式,答案就随之而来了。

这样,每个学科都像一张全息摄影的照片,在第四章中曾经提过有些物理学家用它来描述隐藏在现实本身后的逻辑。全息摄影是一连串我们觉得非凡的视觉信息,因为它让我们在二维的平面上看到三维空间。但是一张全息照片有一个更了不起的特征:全息摄影图的每个部分都含有整体所拥有的全部信息。

一位物理学家这样描述它:"如果玫瑰的全息摄影先剪成两片,再用激光照射,我们从任何一半仍然能看见整个玫瑰的影像。如果把两等份再次分割的话,我们会发现每一小片都永远包含着一个较小的、但是和原来的影像完全一样的版本。"[4]拿起全息摄影的任何一部分你都能完整地重建它。

两个半世纪前,布莱克在《纯真的预示》中已经预见了一个简单的影像,他认为我们能"看到一粒沙中的世界"。[5]所有学术科目都是从"一粒沙"去观察它们自己的世界。所以为什么我们仍要把满满一车的沙子倒给我们的学生,令他们看不到全部、对所有事物都一知半解,而不是拿起一粒沙让他们学着自己去瞧瞧看？对一门学科表示敬意的最佳方法可以是少而精,此时为什么仍要不断想去覆盖整个领域呢?

每一门学科都有其内在逻辑,这种逻辑如此精深,以至于每一块关键组件都包含重组整体所需的信息——如果用激光照射,一组有高度组织结构的光就会把所有的一切重组起来。这组激光就是教学行为。

这个理论好像很难转化成实践,可是它正透过一些我们确立已久的教学法每天都在推行。想一想科学实验室,30位植物学专业的学生透过30台显微镜正在观察同一植物的茎部。在教师的指导下,或独个儿或集体观察这粒沙中的世界。就是在这个过程中,他们学习这门学科的逻辑、观察和解释的规则和一些实质的事实。他们借着观察发现这个微观世界——然后发现一个又一个微观世界——最后这种发现就能转变为整个学科的能力。就是通过深入地钻研这个独特的个案,这些学生发展了对整体的全面理解。

无论我们学习哪一个伟大事物,总会有一件等同显微镜下面的茎部的事物。在每一本不朽的文学巨著中都会有一个段落,当你深入理解它时,就能明白作家如何展示人物个性、建立紧张局面,创造戏剧性的场面。理解了这些后,学生能更有见解地看完小说余下的部分。在历史的每个时期中,都有一件大事,当你深入理解它时,不但明白历史学家如何工作,而且对那个时代的一般动态会有更清楚的认识。在每位哲学家的作品里,都有一个中心思想,当你深入理解它时,就能揭露他(她)有系统或无系统地思考的基础。

这样进行教学,我们不但不会遗弃促使我们要教完所有内容的道德规范,反而会更深切地去尊敬它。在从微观世界出发的教学中,我们要同时对主体和学生负责任,不会像一间智力的快餐店那样只把"片面"的信息传送给学生,而是去帮助学生理解信息是从哪里来的,理解它的含意是什么。我们同时要尊敬学科,尊重学生,要让他们不是像鹦鹉学舌那样把别人的结论背出来,而是像历史学家、生物学家或文学批评家那样去思考问题。

我想提供两个在有大量事实内容的学科领域中如何运用微观教学

的活生生的例子。在下一节,我会讲一个关于医学教育改革的大故事。 124
之后,我再讲一个我自己的关于社会研究方法课的小故事。通过这些
故事,我希望展示使用微观方法来教学不但在真实的世界内可行,而且
它远比善意但错误地覆盖整个领域的教学法更有效率。

医学院里的微观教学

在一所很大的研究型大学作完关于教育共同体的演讲后,我被医
学院的院长邀请去吃午餐,他说他有一个我可能会感兴趣的故事。

好几年前,他和几位同事已经开始担心他们的学生会变成什么样
的医生了。待学生们完成了医学院的学业,当初把他们中许多人吸引
进入医学院的怜悯之心大都已经消失了。当初入读医学院课程时学生
大都深深地关心病人和他们的健康;但是在四年后,他们很容易把病人
看作物体,可以修就修理好,修理不好就扔掉。

院长和他的同事也担心已经学会该如何学习的毕业生太少。他们
已经掌握了在传统的课程中教的理论和事实,但是在那个课程中并没
有教他们该如何不断与时俱进,跟上与日俱增的知识发展的需要,因为
现有的知识和几年后的知识必定会不同。

因此,院长和他的小组开始提倡换一种方式。为了要解释它的重
要性,院长向我描述了一个传统医学教育的情景:

前两年,学生坐在一个礼堂内,教授则坐在讲台上,手执教鞭,
对着一具骷髅指指点点。学生的任务就是记住所有信息,在测试
中把它默写出来,并且能在实验室内使用它。

然后,从第三年开始,他们跟他们第一位活生生的病人见面。
而我们奇怪为什么他们会像对待一具挂着的骷髅骨那样去对待病
人!还用说嘛,这样单向灌输式的学习根本没为学生提供任何自
己主动去发现的经验。

但是把病人物化、把学生当灌输对象还不是院长和他的同事所忧虑的惟一问题。他们也担心一种学术文化——这种学术文化令学生急功近利,学习动机不是去治好病人,而是为彼此在竞争中击败对方、自己胜出——这就导致一些可悲的后果了。

偶尔有位教授会把一本载有要求大家阅读的论文的期刊放在图书馆的不外借书架上,但是等第四或第五位学生看过后,就有人为了一己私利用小刀把它剪下来,据为己有。再一次显示,他们对病人的怜悯之心已经消失了,因为那篇文章的信息可能有朝一日会帮助某一位医生去医治好一位病人。再一次显示,学生并没有学会如何以自我鼓励的方式学习,而只学习了在你死我活的竞争中获胜。

所以院长和他的盟友提议了一个新方式,它原来是安大略省汉密尔顿麦玛士特大学①发展出来的。这个新方案的主要的特征是学生从他们进医学院的第一天开始,都集聚在一位活生生的、真有病的病人的周围,围成一个个小圆圈,由他们诊病并按疗程开处方。

院长赶紧向我保证在每个圆圈中都配有一位导师,一位负责教学的医生,他会确保这群外行医生不会对病人造成伤害。但是导师的工作是既不告诉学生诊断也不告诉学生处方。导师在那里的目的是引导大家合作探讨研究这个"伟大事物"——即病人和疾病与健康的问题——而这些就是学生注意力的中心。

院长解释说:

> 从一个角度来看,坐在那个圆圈中的学生所知很有限。由于我们录取主修各学科的人入读医学院,他们当中有些人完全没有接受过医学院预科的教育,即使那些有医学院预科背景的人也没有经过真正的临床训练。
>
> 但是从另一个角度来看,这些学生其实知道很多东西。作为个体,他们已知道一些事情,因为他们全部生过病,而且曾经认识

① 译者注:McMaster University,加拿大著名大学,以医学院闻名。

生了病的人,因此他们对于疾病和健康有亲身的经验。

作为一个团体,他们的所知则更多。这里坐着一位在观察方面很有天赋的学生,正在注意着病人呆滞的目光。那里坐着一位在直觉方面很有天赋的学生,正在从病人的肢体语言上收集信息。而那里坐着一位在发问方面很有天赋的学生,他在几分钟之内获得的信息比我们大多数人要花一小时才能获得的信息还要多。

如果你有本事通过有效的群体程序让所有那些人以及他们的所感所知以指数方式递增的话,有时一群外行人也会有真知灼见的。

在这个医学教育模式中,这一小群围绕在病人周围的学生,这一真正共同体的小型版本,就是转动更大车轮的轮轴。从这个中心,从这个活的中心,学生向外开拓到其他教育环境中,主动去寻找在中心找不到的真知和灼见——到图书馆去做独立研究,到演讲厅去吸取有关各种不同主题的系统性信息,到研习班、到工作坊、到实验室去实践各种特别技术的应用。但是无论他们身在何处,他们总会回到中心的轮轴,带回帮助他们了解病人和病情的、新的事实和理论。然后他们又带着新的问题再次从中心走出去,集中从其他地方吸取新知识。

院长和他的盟友提议设立这个模式,而且在学院大范围内经过了大规模长期辩论后,它勉强被接纳了。当混乱平静下来后,那些持异议的教师提出两个相反的预言:新的教学法的好处是必然会改善对病人的态度和毕业生的医德;而其坏处破坏力十足,足以抵销好的方面,使之黯然失色。

持异议的人们说,新的教学法将会把标准化测试的分数拉低:在这个课程中再没有任何人会有系统地覆盖这个领域并把事实强行灌输给学生。不论新的方案多么有人文价值,但它不能"认真地对待客观知识",将令学生和学校都陷入危机,因为这两者的成功与失败、生死存亡都完全取决于测试成绩。

院长问我想不想猜一猜这个计划被接纳了六年后发生了什么事。

126

我想我已经知道答案了,因为我们通常不会只是为了要把失败的经验告诉一个人而请他吃午餐。但是我想听院长用自己的话讲完这个故事。

批评者有关医德和对病人的态度都会有进步的预言是正确的。过去这几年都没有人把论文从期刊里剪下来,而且我们不断地收到表扬学生如何帮助病人的报告。

然而,他们对于客观测试的判断却错了。不但测试分数没有下降,而且还开始上升了,而且在我们使用这种方法进行教学的那段时间里,测试分数已经持续地、慢慢地上升。接受了这种方式的医学教育,我们的学生不但变得更关心病人,而且好像还学得比以前更聪明、更敏捷。

为什么会这样呢?我想要调查的原因正与真正共同体中从微观世界教学的力量有关——这个案例中的微观世界就是处于学习圆圈中心的、被称为病人的伟大事物。那位病人代表着大多数学生想要当医生的原因——就是帮助病人痊愈。从他们接受医学教育的第一天开始,学生以他们最初的动机水平参与教育,在余下的训练之中他们都能保持住这个水平。

这是这些学生现在表现得道德水准更高的一个原因——我们希望这种道德规范将陪伴他们一起进入专业生活之内。院长的报告中提及论文不再被人从期刊中剪掉,代表其行为变得更符合伦理道德规范,这时一个人最关心的是伟大事物,而不再是自我。那些论文依然留在期刊中,表示这些学生在学习怎样去帮助别人痊愈,而不是去击败竞争对手。

但是把伟大事物置于我们的注意力的中央不但对伦理道德有好处,对智力发展也有好处:这些学生变得"更聪明、更敏捷"。这至少有两个原因,而且都与真正共同体中的教育力量有关。

首先,人类的大脑在面对孤立的、支离破碎的资料信息时并不能充分发挥功能,它善于处理有意义地连接在一起的信息形式,正如一个信息的共同体一样。形式是指当学生通过病人的故事学习医学知识时，那个故事提供了内在和外在的连接：它把关于这位病人的各种不同的事实以相互关系、演绎和解释联系起来，它以典型的人性的意义把病人和学生联系起来。

院长所说的一句话与我们对于人类大脑如何运作的认知完全相符："20 年后，当这些学生中的一个想起肾是如何运作时，他将不会记得某一本教科书中的某一段事实，而会想起这是史密斯太太的故事。"换句话说，记忆取自于群体联系形式，即现实本身的形式。

其次，由于学生一起学习，所以真正共同体发挥了教育力量。虽然我们依然坚信竞争是提升学习动机的最好方法，但因这些学生的个人学习使他们能够为群体的探讨作出贡献，或至少不想让小组其他成员失望令自己难堪，他们的学习动机要强得多。一起学习也为他们提供了一个从别人的眼睛看待事实的机会，而不是强迫他们透过他们自己有限的视野去审视每一件事物。他们能检查而且纠正从各种不同的观点所看见的一切，因而有机会得出更趋于正确的结论。

有人说集思广益，我们联合在一起肯定会比我们当中任何一个人单打独斗都要聪明，也许这句格言并不只是我们的主观意愿。这个医学院的故事让我相信，一个以真正共同体为基础的教学法不是浪漫的幻想，而是对于极迫切的教育需要所作出的实际响应。

社会研究的微观教学

我关于从微观世界教学的第二个例子要比医学院的教育改革温和得多，所以也许这个方式能更贴近日常的实践。

社会研究方法这门课，由于其典型的教法就是滔滔不绝地把信息灌输给学生，所以是社会科学课程中最令人思想麻木的课程。我也是用那样的方法教了好几年，直到学生都昏昏欲睡，而我不得不寻求其他更具生命力的方式。在我当时任教的那所大学中，方法论是一门必修课,一般班上都会有 150 位学生,因此我需要想办法在一个演讲厅里而不是一个舒适的会议室里模拟真正共同体。

为了举例说明我所模拟的真正共同体,我会集中展示课程中期的一段为时两周的经历和体验。在这段日子里,我要求学生学习一些关于社会现象是如何被发现的伟大事物:如何形成概念,发展指标,用指标收集信息,在相互关联的信息中找出规律,并解释那些规律可能代表的意义。在这两个星期内清楚地定义这些目标有助于界定空间,这空间很快就围成创造性的一群。

为了把主体放在注意力的中心,我在黑板上画了一个简单的四格统计表,整整两星期我都把它留在黑板上,作为我们探索的"一粒沙"(见图5.1)。四格统计表置于我们探索的圆圈中心,我就统计表不断提问题。教学随之展开:我耐心等待沉默结束,直到学生作出回应;我鼓励学生不只跟我对话,也彼此展开对话;当讨论变得纠缠不清、难分难解时,我就来个"小演讲"去理清,紧接着又是新一回合的探索和对话。我希望把这些学生深入地带进方法论的微观世界之中,让他们学到这个领域的实践逻辑,或至少理智地应用于社会研究领域。

要把两个星期里我跟学生所做的每一件事都记述下来,恐怕我没有足够的篇幅写,你们也没有耐性看。但是我可以通过描述我们的*概念形成*方法来说明所发生的事情。

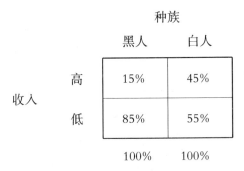

图5.1 收入与种族的关系

为了使"概念形成"这个抽象的概念更生活化,我选择*种族*作为探

129

130

究的焦点,因为种族在社会上明显是一个很敏感的问题,而在我当时执教的大学里更是个极可能引起激烈反应的问题。我相信探讨种族的观念会营造抓住学生注意力所需的张力,结果证明确实如此。

第一节课一开始,我们注意到,制作这张表格的研究者不但把种族作为一个他们要研究的因素,显然更找到一个把他们访谈过的人分类的方法。

"告诉我,"我问,"你如何决定一个人的种族是什么?"

几个学生瞪着我,惊讶我问的问题竟如此愚蠢;然而他们大部分人别过脸,眼睛望向别处,也是因同一理由!我内心努力保持镇定,忍受着这段死寂、麻木,那时我很想放弃从微观世界教学,倒回头光演讲算了。

但总算我够有耐力,一位坐在教室后排的学生举起了手,有点迟疑。"好,请……"我说。

"哦,你看嘛,"她说,"一看就知道了吧。"

用这种方式教学,当沉默已经变得痛苦难忍,任何反应都无比受欢迎;我感到宽慰,就好像这位学生发现了相对论!我对她的回应表示了感谢,然后紧张地追问下去。

"告诉我,"我说,"你看什么呢?"

现在更多的学生确信我真的疯了,但开始有点劲头了,也许因为他们受到了激励。

"嗯,你看颜色嘛,看皮肤的颜色嘛!"坐在前排的一个学生说道。其口吻显示他既恼怒又觉得好笑。

"谢谢你,"我说,"现在让我们环顾一下这个房间里的脸孔吧。这里有大概 10 到 12 种肤色,从深黑到净白的都有。这是不是代表我们这个房间里有 10 到 12 个种族,还是表示你们当中的一些白人经常去晒太阳?"对话一直延续下去,有时令人感到挫败,有时令人感到很可笑。但是,一步一步地,笨拙地,我们迈向关于"种族"的基本事实。

经过讨论,学生对种族这个问题更加严肃认真。就算种族是一个确凿的概念,也不是以神或大自然所提供的框框存在的。种族是一个没法区别的基因频率的连续体,我们经过所谓的"概念形成"行为将其分类。

我们人类在遗传基因连续体的各个不同点上做出记号：穿过这个点你就是白种人；穿过那个点你就是非洲人；穿过另一点你就是亚洲人了。

随着我们继续探索下去，学生开始认识一些关于概念形成的重要事实。这个被称为种族的概念是我们思想分配和简化错综复杂的人体信息的人为产物。不论好坏，这个人为产物的形成绝非等闲之辈，我们把种族概念化的方式对这个世界的影响关系重大。

因为种族的概念对社会和科学都关系重大，所以我们一定要知道有没有合理的分配信息的规则。概念形成只是由社会偏见所左右的随意行为呢，还是存在这种更忠实于数据的基因频率连续体的分解归结方式呢？——或更忠实于人类的——或其他什么？

当然有合理的规则，而且学生会更热衷于学习这些规则，因为经过了跟微观世界及其提出的议题的交锋，他们对于界定种族的要素有了更深刻的认识，要比我能给他们的演讲更深刻。

他们的认识超越了种族的特性，一直探索到潜伏在任何概念背后的动态。他们当中有些人可以运用他们的知识成为新概念的创建者——因为他们如今学会了自己处理数据、拥有些识别新知识的准则。其他一些人可能成为更精明的聆听者和发言者。既然如今已经明白那么多的因素都取决于我们的头脑，"把点连起来"去建构经验现象，他们就不接受那种轻率、随意使用像*性别*或*国籍*等其他概念的做法。

用从微观世界教学法之前，我就这些内容的演讲还是挺不错的，而学生也学到了不少东西。但是用了从微观世界教学法后，我说话的空间少了，开放更多的空间让学生与主体直接对话，他们学得更多，也学得更好，他们不只学到了社会科学家所知道的东西，也学会了自己进行社会科学探究。

开放空间与技术手段

无论从其他教育家或从我自己的经验中收集了多少个成功故事，每当我尝试创造可以实践真正共同体的空间来教学时，我都要与我自己曾受过的训练作出强烈的抗争。

和大多数专业人士一样,我一直被教导去占领空间而不是去开放它:毕竟,我们是知者,因此,我们有义务把所知的一切告诉别人! 即使我已经拒绝了那个荒谬的常规,但是每当我藐视它时仍会感到内疚。内心一个很大的声音坚称:如果不能用自己的知识填满所有的空间,我就是在混饭吃。

我认识一些医生,内心有类似挣扎。如果他们不是简单地告诉病人哪个部分已经"坏掉了"以及医学能如何治好它或不可能治好它,而是邀请病人共同诊断他们自己的病情、治疗他们自己的疾病时,类似的问题就出现了。事实上,所有专业人士都被这样一个神话扭曲了:我们以自己努力学来的权威知识占据全部空间,就是在对客户提供最好的服务。

我们对于开放而不是填满空间的抗拒还因如下的事实而加剧:如果我们决定改变自己执业的方式的话,会花很长的时间去转变,而且当我们处于过渡阶段时,我们往往做得不是很好。因此向一个新的教学法进发的过程中,总有些日子里我们为学生提供的服务不好,我们的内疚感因此而加深。

为了抵消内疚感,我需要至少两样东西:一样是开放学习空间时我做事的理念(这是我写本章的原因);另一样是认识维持一个开放的空间所需的技术手段。

只要仍把填满空间的能力作为检验我们的专业胜任程度的惟一标准,而认为创造空间只不过是为了顺应潮流,我们就永远都无法把课堂向真正的共同体开放。只要我们仍不明白开放学习空间比填满它需要更多的技巧和权威,我们就会输掉与内疚的抗争,而我们的教学就会开倒车,恢复照本宣科的状况。如果我们要尊敬和发展创造学习空间所需的技巧,我们一定要把它们明确地点出来。

有些技术在上课前就需要了,比如构思学习过程,选择教材,设计作业和练习,以及计划时间。如果不作好符合开放空间的准备和决策,那么课还没开始空间就消失了。

我一定把课程设计成这样:让学生全神贯注于互动中而非填鸭,克服总想把信息灌给学生的倾向,让他们直接面对主体、彼此和自己;我一定给学生阅读一些他们需要知道的东西,但要留出学生可自己思考的空间,又因基本教材往往有这个优点,我一定熟读所教领域的文献;我一定要创设一些让他们去探究未知的领域的练习,以及证明他们已经学会了多少内容的作业;我一定要建立一个容许意想不到的事情发生的时间表,同时也有时间掌握计划中必须学会的事实。

准备学习空间所需的能力至少跟准备一节精彩的演讲课所需的能力相仿,当然与蹩脚演讲课所需的能力相比是有过之而无不及。然而,尽管列出这么长的"一定"要具备的能力的清单,可我还没有迈进教室的门呢。一旦走进教室、关上门,就需要用另一组技术来保护这个空间。举例来说,在方法论的课程中,我依赖提问这种技巧,直到我真的尝试去应用它以前,我一直都以为它很容易。然后我才发现竟要在那么多不同问题类型中作出选择。

有些问题关闭空间不给学生思考:"在第四章中,教科书就概念和指标是怎么说的?"另外一些问题开放过多的空间,以至于令学生像迷失于无人之地一样:"这张四格统计表能说明什么问题呢?"能真正帮助学生学习的问题正好处于这两个极端之间:"假如你是这些研究人员中的一员,你会如何决定你的主体属于哪个种族?"

当然,提问的技巧不只是选择恰当的问题类型,更要用既不恐吓也不贬低身份的方法来发问,也要以同样的开放性和吸引性对待学生的回应。每位优秀的教师都知道除了某些字眼以外,有时一些轻视的非语言评价也能很快冻结一场讨论。

当我们学会问好的问题时,我们发现我们需要具备另一种能力:把一个教师与个别学生之间的一问一答变成能在房间内到处反弹的复杂公共对话。当我把学生的眼睛从只看着我转向彼此互相注视时,学生会学到更多。

我一定会把向着我发表的意见反弹给这个小组,只需要说:"你们对于刚才桑德拉(Sandra)说的话有什么看法?"最好方式更巧妙些。但不论用什么方式,这种转向是对我心灵的挑战:我一定要学会相信共同体具备所需的智慧去处理手边的议题。

当学生说得完全不正确时，我对这种挑战感觉最强烈。我身体内的每个细胞都想站起来以真理之剑击破这个谎言。如果我想要鼓励真正共同体中需要的对话，我一定要在关键时刻学会问自己一个简单但高要求的问题：要等多久我才去挥舞我的宝剑？我能等30秒吗？一分钟？等到这小时结束时？等到下一节课？

当我考虑我的选项时，就变得更清楚了：其实我不需要马上去挥舞这把剑。即使谎言出现在我们面前，几分钟、几小时或几天以后，我们和真理都依然存在。接着，每当我从想要急迫地回应退后一步，群体中就越有可能另有人迈前一步，挑战刚才发言的那一位。这时，真正的共同体就活跃起来了。但是即使我学会了问好的问题、改变答案的方向和让学生参与对话，任务仍未完成。我一定要学会提升和再构造学生所说的话的技巧，以便衡量我们学习有多少进展、还差多少。

真正的共同体的富有在于它的过程是非线性的。它的轨道通往四面八方，有时围绕自己兜圈子，有时飞跃向前。在创造力的混乱过程之中，教师一定要知道何时和如何在我们的意见之间拉一条直线，显示出验证我们已知的事情和把我们引向新天地的探究轨道。

为了做到这一点，我一定要注意听学生所说的每一句话，将其刚发表的意见跟20分钟前发表的意见联系起来。用心聆听可不容易——它消耗人的心灵力量的速度令我又疲惫又惊讶。但当我抑制自己权威的冲动时，就容易多了。只要我内心那股总想着下一步说什么的冲动一停，只停片刻，我就开放了内心的空间去接收外来的对话。

一旦我聆听了并顺势前进，我就准备好再建构，把我们所学的与我们的过去与未来联系在一起。举例来说，学习方法论课程的学生，是靠他们自己，得出跟"种族并非生物学事实而是心理建构"相接近的见解。但是他们的认识尚未升华到把种族建构为"无差别的、而我们人为将其分类的基因频率连续体"。

学生正缺乏那种语言，因此我的工作是再构造我们对话中的分散碎片。但是我要等一个恰当的时机去让学生把经历当成他们自己的，

135

正如他们自己有了一项发现,但尚未用语言表达出来。通过再构造,我们完成三件重要的事情:我们把对话的元素聚集起来并使其连贯一体,我们筑起了一座通向下一个主题的桥,而且我们是以学生参与一个微缩版的真正共同体的方法去完成的。

借着重建真正共同体中教与学的动态过程,我提醒自己,从事这种教学过程远比随波逐流要付出更多。若要开放这种教育空间,我一定要先磨炼好某些技巧,还要学会其他技巧。

共同体:多变与障碍

让学生参与真正共同体的动态是优质教学法的原则。但是我研究的创造课堂共同体的各种方法既不规范也不详尽。用以复现真正共同体的"正确"方法是发自教师的自身认同和自身完整。

在探索了许多年后,对我来说,正确的方法似乎是与学生围坐成一个圈(或在演讲厅尝试把我们自己当成学生,和他们围坐在一起),并引导对其间伟大事物的探讨。但是还有别的方法去形成教室中的共同体,其中一些方法看起来并非像共同体这个名目下的互动接触。

我只需要重新提一提我在第一章中写到的导师。在他的社会思想史课上,他不停地演讲,而我们成排地坐在那儿记笔记。但是那些课并不是以教师为中心的:虽然我们几乎没说话,但他的演讲没有把他自己,而是把主体置于我们的注意力的中心,而且不知何故,我们聚集在那个主体周围,而且开始与它互动了。

我的导师是怎样引起学生对真正的共同体的兴趣的?他的讲授不单呈现了社会理论的信息,也同时化身为社会思想的舞台。他除了解释伟大思想家的理念,还把他们的生平故事讲给我们听。我们几乎亲眼看到马克思(Marx,K)孤独地坐在大英博物馆的图书馆里写《资本论》。透过动态的想象,我们不单与思想家本人建立了关系,也跟激发他思想的个人和社会背景建立了关系。

136

138

但是导师的课的戏剧性高潮还在后头。他会说一句马克思的主要观点，我们把它像圣言一样一字不漏地抄在我们的笔记本上。然后他的脸上会露出迷惑的表情。他会停下来，走到另一边，转过头来回望他刚离开的空间，然后用黑格尔（Hegel，G. W. F.）的观点论证他自己的看法！这并不纯粹是一种刻意的人为举动，而是占据着这位教师思想和心灵的智能戏剧的真实表现。

当然，**戏剧**并不只意味着表演，这一事实帮助我们无需透过面对面的互动就能找到一个可触摸到的、强有力的共同体模式。当我看一出好的戏剧时，我有时候会觉得和这戏剧之间存有某种联系，好像我的生命被搬上了舞台。但我并没有大声对答台词、越过走廊、跳上舞台和参与演出的冲动。坐在观众席上，我已经有亲临其中的体验，以内在的、无形的、被我们忽略的强有力的共同体形式联系在一起。

正如一系列优秀的戏剧一样，我并不需要显性的互动才能"融入"共同体中的角色和他们的生活之中。同样，当一节好课把伟大事物的戏剧零星地散布在我们的脑海之中，正如那个医学院课程和我的社会研究方法课中的对话方式一样，它能以其独特的方式完整地显示真正的共同体。

我以前一直都不明白为什么我的导师在与学生面对面时浑身不自然，但仍能在促成真正的共同体方面做得这么好。现在我明白了：他一直生活在没有我们的共同体之中！当你整天和马克思、黑格尔、涂尔干、韦伯（Weber，M.）和托尔斯泰（Troeltsch，E.）为伴时，谁还需要一群从城郊来的 20 岁小伙子？

虽然他与社会思想界的代表人物的关系比与身边的人的关系更为密切，但这个人深切地关怀他的学生。他对教学的热爱不单是源自他对这门学科的热爱，也是源自希望我们能认识这门学科这一心愿。他希望我们能随时伴随着他的智慧和想象力相遇和学习，而他用一种深切地结合他本身独特气质的方式把这些学问介绍给了我们。

透过这位导师和他的授课，部分学生参加了一个强有力的共同体形式，它的特征是能与逝去的人对话。这并不是疯子的特征，而是有教养的人的特征。学会与无形的历史和思想共同体对话和聆听,这可以无止境地扩大一个人的世界,同时亦永远地改变他的生命。

但是对于那些早已关注这些事情的教师来说,无论我们把共同体定义成显性的互动还是戏剧,还是内在对话,都没有多大的区别。这些教师认为,只要师生仍陷于地位和权力的不平等关系之中,教育永远都无法形成任何形式的共同体。教师一定要评价,并为学生的作业评分,这样就造成教师对付学生、学生互相争斗的局面。面对这些分裂力量还有共同体可言吗?

提出这个问题的假定是,只有在没有地位与权力分歧的情况下才能形成共同体——但是世界上并不存在这样的地方。当共同体快出现时,只要有两三个人聚集在一起,在他们之间就一定会有不平等的情况出现。如果要论证取消分数以后才能形成共同体的话,就等于是在找一个根本不存在的乌托邦:这就等于把共同体完全放弃了。

当真正的共同体出现时,权力和地位间的虚假差异就随之消失,比如说那些基于性别或种族的差异都会消失。但是真正的差异仍然维持,而且也应该维持这些差异,因为共同体要兴盛,需要执行各种功能而形成差异,例如有的功能是维护界限的领导任务,有的功能是坚持使共同体处于最佳状态的标准,等等。

评价就是教育中这样一项功能。真正的共同体需要持续地进行辨别:有一些观察正确而另一些则不正确;有一些主张是有效的而另一些则无效;有一些假定可以被验证而另一些则不能。当成绩用于形成这一类的区别时,它们只不过是重复教学方式建基于其上的真实世界的动态过程。

以真实世界的原则为依据,我们能发明一些评价方法,这些方法强化学习而不是审判,强调合作而不是竞争,因而提升成绩在共同体中所作的贡献。举例来说,我给学生重写学期报告的机会,直到学期结束为止,他们愿意重写多少次都可以。我给每个版本都评分,并评论它的优点和缺点。当我给出最后的成绩时,它不是所有版本的平均分,而是最后一个版本的成绩。透过这种方式,我希望向学生表明:评价的目的在于为学习过程提供指引,而不是最终的审判。

我也给学生留作业,要求他们合作完成,大家都明白他们不会因负责不同的部分而取得不同等级的成绩,而是最终都会根据最后的成果取得相同的等级。评分代表力量,我们应该问的问题不是该如何耗失我们的力量,而是如何用我们这个力量达至更高的目标。

我不是说字母等级是好的评估形式;与有些能反应细致差别的、诸如学生档案夹等方法相比,它是一种非常差的评估形式。但是评分制度已存在很久了,而且将来很多年内也一样会存在,因此不能以此为借口逃避课堂上共同体的挑战。

课堂上对共同体的真正威胁不是教师和学生间权力和地位的差别,而是缺乏由这些差异所激励的相互依存的关系。学生依靠教师给分、评成绩——但教师依靠学生获得什么? 成绩等级对学生是实实在在的,这个"靠学生获得什么"对我们教师也同样实实在在,如果我们回答不了这个问题,共同体就不会实现;当我们不彼此依赖时,共同体就不能存在。

问题是,跟多数专业人士一样,教师接受的培训就是完全自治、独自工作,这种模式令我们和我们的命运都独立于我们的学生。说得露骨点儿,我们不需要靠学生获得成功。

我们的优越权力和地位*允许*我们以这种方式工作,但是它们并没有*强迫*我们以这种方式工作。用把我们的一部分命运放在学生手中的方式来教学是有可能的,正如他们把命运的一部分交托在我们手中一样。这样的教学不但能形成更多的共同体,而且会因我们更深地进入真正共同体而学得更好。

我讲一个故事来说明这个问题。我被人邀请作客席演讲,教授告诉我这节课是一个半小时,当我答复说我只会演讲 20 到 30 分钟,然后让大家无拘无束地讨论时,她要求我千万别这么做。"这是一个很大的班级,"她说,"大约 150 位学生,而且他们习惯于只听课,不参与讨论。我担心你的方法行不通。"

我坚持按我的原定计划进行。但是演讲那天,面对着一张张毫无

139

表情的面孔,差不多讲到一半时,我开始意识到主办者的话是对的。我讲完了,然后就问谁想带头发表一下意见或问个问题——我紧张到竟然这样向学生发问,违背了我自己定下的问问题要明确、具体的规则!这时,我真的希望当初采纳了她的忠告:我感觉这越来越不像一场嘉宾演讲,而越来越像一场公开绞刑。

有时候就是这样子,有一位看起来和我一样焦急的学生,可能是出于对我的同情,当时举起手问了一个问题,而且我作出了响应。那段交流引起了另外两个人举手,然后又引起了更多的交流。大家的劲头来了,不一会儿,真正的对话出现了,交流的层次也不断地、逐步地提升。

下课的时间到了,我感谢教室里的学生和我一起上了一节好课。140
他们热烈地拍手,大约20来个学生走到讲台前与我倾谈。10分钟后,下一节课的学生开始走进教室,所以我们离开教室走到走廊上,在那里我和十几名学生一起又谈了10到15分钟。很明显真正的学习已经发生在很多人身上。

当接待我的人把我送到停车场时,她说:"那可真精彩! 我从来没见过这个班这么踊跃。我发现你用了一些挺聪明的技巧激发学生积极参与讨论。"她显然对我不是很了解,否则她不会说我使用"技巧"!

但我有点好奇:"你的意思是什么呢?"

她说:"每一次有人举手,不论那学生多害羞,你都会把身子向前倾,并这样走向这名学生。"她打了一个"说吧! 好!"的手势并继续说:"接着你说,'请……'然后,不论这个人说些什么,你都会微笑着说一声'谢谢',就像你是当真的!"

接待我的人好像觉得这些举动是刻意地设计出来的,用以操纵这班学生的情绪,实际上并不是这样的。这只不过是一个处于绝境的人的绝望之举。

有一个词可以适当地描绘我说"请……"和做出那些邀请动作的实质,就是乞求。也有另一个词可以适当地描绘我为一点小事说"谢谢"的实质,就是感恩。当你快要饿死时,就会忘记羞愧而去行乞,而你会感谢任何人施予你的小恩小惠。那天早上我教完课以后还剩下一小时,我急需那些学生的帮忙才能把我们的聚会变成有意义的。

当我们愿意放弃自我保护的专业自主,让我们像学生依靠我们那样去依靠我们的学生,我们就会更加走近那个真正共同体所需的相互依存关系。当我们因需要我们的学生而说"请",因我们真诚地感谢他们而说"谢谢"时,通往共同体的障碍就开始消失,教师与学生就会展开更有共识和意义的深层对话,而学习会奇迹般地、生气勃勃地发生在所有人身上。

注释

[1]　David V. Erdman (ed.), "Auguries of Innocence," in *The Complete Poetry and Prose of William Blake* (New York: Doubleday Anchor, 1988), p. 489.

[2]　"Integrating Community Service and Classroom Instruction Enhances Learning: Results from an Experiment," *Educational Evaluation and Policy Analysis*, 1993, 15 , 410—419.

[3]　Judith Axler Turner, " Mathematicians Debate Calculus Reform and Better Teaching," *Chronicle of Higher Education*, Jan. 31, 1990, p. A15.

[4]　"Does Objective Reality Exist, or Is the Universe a Phantasm?" World Wide Web Virtual Library: Sumeria [http://www. livelinks. com/ sumeria/].

[5]　Erdman, *The Complete Poetry and Prose of William Blake*, p. 489.

第六章　学习于共同体中

——共事切磋

141

"伤心最大的益处，"梅林回答说……"是从中学到一些东西。

这是绝对灵验的。你可能衰老到全身在颤抖，

你可能彻夜不眠，静听你紊乱失调的脉络……

你可能看到你周围的世界被邪恶的疯子蹂躏得面目全非，

也可能得知你的荣耀被更卑劣污浊的小人践踏在阴沟里。

只有一样东西可对付它——学。

学习为何人世如此沧桑，学习什么令它变迁。

只有学习能令你的思维永不枯竭，

永不孤立，永不受折磨，永不恐惧或怀疑，

也永不会起后悔的念头。

学习这东西最适合你。"①

——怀特（White，T.H.），《永恒的国王》[1]

---

① 此诗为余巍初译，杨秀玲博士润饰、审校。

关上门的教学

从脱氧核糖核酸到《黑暗之心》①到法国大革命,每当想象聚集在伟大事物周围的真正共同体时,我都会产生一个疑问:教师也能聚拢在被称为"教与学"这一伟大事物的周围,并且能同样怀着对我们所赋予的、任何值得相识的主体的敬意,去探究伟大事物的秘密吗?

我们需要学习怎么去做,因为聚拢在伟大事物周围是我们成为优秀教师的不多几条途径之一。世界上没有优质教学的公式,而且专家的指导也只能是杯水车薪。如果想要在实践中成长,我们有两个去处:一个是达成优质教学的内心世界,一个是由教师同行所组成的共同体,从同事那里我们可以更多地了解我们自己和我们的教学。

如果我想教得好,则一定要去探究我的内心世界。但我可能在那里迷失,不断自我蒙蔽和故步自封。因此,我需要一种同事之间相互切磋、对话的共同体的指引——何况这样的共同体可支持我经受住教学的磨炼,给我在任何名副其实的教学单位都能找到的累积的集体智慧。

我们可以从彼此间找到帮助自己教得更好的资源——只要我们能找到互通的门路。但是难就难在这儿。学术文化在同事间所建立的壁垒,甚至比我们与学生间的壁垒更高更宽。这些壁垒部分源自竞争所引至的恐惧感,使我们四分五裂。壁垒也源自这一事实:教学也许是所有公共服务中最个人化的专业。

虽然都是在学生面前进行教学,但是我们的教学几乎总是像独奏一样,永远在同事的眼光以外;相比之下,外科医生或法庭律师经常要在对他们的行业了如指掌的同事的眼皮底下工作。律师在其他的律师面前争论案件,在那里,所有人都能清晰地看见他们的技巧和知识的差

142

---

① 译者注:约瑟夫·康拉德(Joseph Conrad)的著名文学经典,讲述主角在非洲探险时的心理成长历程,曾被改编成电影《现代启示录》(Apocalypse Now)。

距,水平高低一目了然。外科医生在专家的注视之下操作,要是手在做手术时颤抖一下就会马上被人发现,使这种失当行为不大可能发生。但是教师可以在人体内遗下海绵或错误地切断人的四肢,而除了受害人以外,并没有别的目击者。

当我们走入这个名为教室的工作场所时,我们把同事关在门外。离开以后,我们很少去谈论发生过什么或接着会发生什么事,这是由于我们并不习惯讨论共同的经验。还有,我们不仅不称其为孤立主义并努力克服之,反而美其名曰"学术自由":我的教室就是我的城堡,其他封地的君王一概不受欢迎。

我们为这种个人化付出高昂的代价。考虑一下教学的评价方式吧。当我们不能观察彼此的教学时,我们采用冷淡疏离的、使人泄气的甚至不光彩的评价方法。缺少彼此工作的第一手资料,我们就让学生问卷做出来的东西取代只有亲身观察才能得知的事实。

"评价"教学常见的做法是在课程快要结束时给学生发一张标准化的问卷,这份问卷把复杂的教学简化成 10 到 15 个范围,而每个范围都以五分点来量度:"提供清晰而简要的指示";"适当地组织教学";"建立客观的评分标准"。

教学过程的细微区别是不可能被这种方法捕捉到的,教师肯定会被一个如此过分简单化的方式弄得士气低落。没有任何一组标准问题能同样适用于作为优质教学源泉的千差万别的心灵。但是如果我们依然坚持关上我们教学的大门,别人除了在学期快结束时从窗外扔进一些问卷以外,还有什么办法来评价我们呢? 其实,这样评价并非如有些教师所投诉的那样仅仅是管理人员渎职的结果,而是因为教师文化令他们别无选择。

可悲的是,这些评价的局限不但被无所顾忌地接受,而且这些结果在有需要时会被选择性地利用,结果这些资料很容易被用于机构中明争暗斗的欺骗把戏中。如果我们想要开除一个教学评价成绩优异但是发表著作不多的人,我们会说这些问卷只测量受欢迎程度。如果我们想要提拔一个教学评价成绩很差,但发表过很多著作的人,我们又会说这些问卷与他或她所展示出的学术实力完全没有关系。

世上只有一种诚实的方法可以用来精确地评价多元化的优质教学，就是身历其境。我们一定要观察彼此的教学，起码要偶尔做到这点，而且我们一定要花更多的时间讨论彼此的教学。这样，当提出晋升和去留决策议案时，我们不会再单凭可以操纵结果的统计假设，而是能根据真实的资料作出决定。

我明白忙碌的时间表令教师无法经常彼此听课。但是如果我们能定期与其他人就教学问题作一些交流，我们将会对彼此有足够的认识，在评估时能就真实的问题给予真实的答案：

- 从他(她)参与教学对话的表现看，这个人对教学认真吗？
- 这位教师设计一个课程时经历了哪种过程？
- 这位教师如何确定并响应课程展开后所出现的问题？
- 这位教师在设计并推行日后的课程时，有没有从以往的错误中吸取教训？ 144
- 这位教师有没有尝试帮同事解决他们在教学上遇到的问题？

参与教学对话的共同体并不单纯是寻求支持和成长机会的个人的自愿性选择，而是教育机构要求教学人员尽的专业义务——因为个人化的教学不仅阻碍教师个人的专业成长，而且也助长机构的无能。个人化的教学使得教育机构很难更好地集中力量完成其使命。

任何行业的成长都依赖于它的参与者分享经验和进行诚实的对话。诚然，我们从个人的尝试、错误中成长，但是如果没有一个共同体支持我们去冒险的话，我们个人去尝试和承受失败的意愿就会极度有限。当任何功能被个人化后，最可能的结局是大家都保守地做，即使都明白那行不通，仍不肯偏离大家默认的所谓"行得通"的做法。

这种不愿承受风险的保守主义作风是目前教学状况的极佳写照。与其他专业相比，教学发展得非常缓慢，其原因就是教学的个人化。如果外科手术和法律也像教学一样在个人化的环境下运作，我们仍会用水蛭对大多数病人进行放血治疗，仍会把被告浸在磨坊水池里。

同事的共同体中有着丰富的教师成长所需要的资源。我们如何能从个人化的框框中跳出来,建立持久不断的教学对话,去好好地利用这些丰富的资源呢? 我们所需要的就是展开关于优质教学的真诚对话,既提高我们的专业实践,也从中提高自我认识。我想要探究三种鼓励同事间进行这类对话的重要元素:带领我们超越技术层面进入教学基本议题的主题,在深入谈话之前防止我们击败自己的基本规则,还有期待并邀请我们参加对话的领导者。

对话的新主题

我们把教学简化成技术问题的倾向,是我们缺乏有广度或深度的同事间对话的一个原因。虽然技术性的谈话有可能提供给我们需要的解决方案,但当技术成为惟一主题时,对话就给阻碍了:教学的人性议题被忽略了,因而教学的人也感到被忽略了。当教学被简化成技术时,我们就贬低了教师和他们的专业,而且人们也不愿意再回到贬低他们的对话中。

如果我们不只去谈论方法,那我们去谈论什么呢? 我们有许多不同的选择,而且我们已经探讨了其中几个主题。在第一章中,我们探讨了呼唤教师自我觉醒的心灵导师和学科。在第二章探讨我们的恐惧时,我们谈论教师和学生的人性状况。在第三章中,运用悖论的观点,我们谈论教学的喜与忧,我们自己的天赋和不足,以及学习空间的创造。在第四章和第五章中,我们谈论不同的认知途径及其如何塑造我们的教学方式。

在本章中,我想探究两个能生成优质教学和促进源自教师的自身认同进行优质教学的适当话题:在教与学过程中的关键时刻,以及能丰富我们教学自我感的隐喻和影像。

"关键时刻"是我在教师工作坊中用的一种简单方式,邀请大家开放、诚实地分享他们的经验。我先在黑板上画一个水平的箭头,代表一个课程由开始至结束。然后我要求人们在这条代表着课程进度的线上指出他们所经历的关键时刻。这里所指的关键时刻是指学生在一个学习机会中可能会开放或封闭起来——而这在一定程度上取决于教师如何处理它。在这里"一定程度"是一项十分重要的条件限制，因为教学所面临的挑战之一就是关键时刻并不是完全受制于教师。

大家指出的关键时刻多种多样。我一面听一面根据每一关键时刻在课程进展中通常发生的时间，把一个或多个聚点标在线上，就显出了随课程进展关键时刻发生的分布状况。然后用一两个字说明。这条线上的点很快变成每位教师都熟悉的情节：第一节课和它为整个学期定下的调子；被问的第一个"愚蠢的"问题；第一个让你知道原来那么少学生听懂你的课的评分练习；对你的能力或权威的第一次挑战；学生之间发生的第一次争论；第一个性别或种族歧视的言论。

并不是每个关键时刻都存在紧张或分歧。有些关键时刻是会振奋人心的：当你的学生完全掌握了一个主题，以至于你要把原来的课表提前，教授一个新的课题；当你的学生彼此毫无隔膜地讨论，以至于你很难插一次嘴；当教室中发生了一件意想不到的重要事情，以至于你一定要丢弃你的议程。每一时刻都充满了教育的潜在机会，但是每一时刻也可能被教师的一个过失糟蹋掉。

当关键时刻的脑激荡持续进行时，一件简单而又非常重要的事情发生了：教师们开始公开地谈论那些令他们感到困惑和挫败的事情，及那些他们能轻易地应付的事情。这样一来，如果我们要帮助彼此成长，就要做一件教师一定要做的事：要像公开而真诚地讨论我们成功的经验一样，公开而真诚地讨论我们失败的教训。

如果我一开始就叫别人把他们在教室面临的困境说出来，即使有这个可能性，我们也不会这么快就达到这样坦白的程度。但是这种开放、随意的讨论使人更坦诚，因为它允许我们以自动的、描述性的和非审判的方式识别我们的成功与失败。

在引领这项对话时，我试图令人们明白：大家只谈自己的课堂经验，而非评论别的同事上课应该如何如何。偶尔当某人想这样忠告别人时，我会要求这个人住嘴。在有关关键时刻的对话中，我们有机会像是为了我们自己而把事情说出来,而当我们发现彼此间有那么多共同之处时,共同体感就形成和发展了。一些年轻教师原以为只有自己要面对某些问题,现在发现,原来资深教师也跟他们一样面对共同的问题,因而如释重负、解除了忧虑,这时,我会特别感动。

随着时间线不断延伸,它不再像一个箭头,反而更像一张地图。有些线绕起来了,把教室的某一个时刻连接到另外一个时刻,而其他的线追溯那些不断给教室造成压力的外在动态因素(气氛紧张的学生宿舍、校园内的一个悲剧,一场即将进行的重要比赛)。从我们面前的这张复杂地图中,我们了解到一些使我们的工作更艰巨,但同时也更吸引人的事情:虽然教学有时感觉像是从一节课到下一节课的经验的线性流程,但是实际上它是充满了生命形态,具有我们一定要注意的旋律、特征和形状,一种我们可以学会欣赏的创造性混乱。

如何面对复杂性这个问题把我们引向下一个步骤。通过时间线和我们自己经验的资料,我们把类似的、共同的时刻聚集在一起:这一组是关于课堂上的冲突争执;还有一组是关于教师的权威性;还有另外一组是关于理论与实践结合的问题。

我要求大家选择使他们感兴趣的话题,然后围绕着它组成一个小组,不论是好还是坏,每个成员都有机会去就关键时刻谈论自己的经历。我们组成小组的目的不是为了批评彼此的教学法,而是在其他人也在做着同样的事的情况下,真诚地把我们自己的经验公开地说出来,同时持开放的态度去聆听。当我们做这件事时,我们正在以非简化法的方式去探究新的技术。并没有一种教学法被认定是*最好*的,我们正在同时学习很多种不同的教学方法。

但是在这些小组中进行的探究把我们引向比方法论更深层的地方。当我们聆听彼此的故事时,我们时常会默默地反思自己作为一名教师的自身认同和自身完整。当甲说话时,我明白能令他成功的方法不一定能为我带来成功,因为这种方法未必适合我的独特身份认同。但是当我听到乙说话时,由于觉得适合我的原本特质,我发觉我想学习她所用的那套方法。即使没有任何一个人被指令前往何处,但我们间

147

150

的谈话已经变成了像航海家用的三角测量仪那样,藉由其他人所处的位置去让我们精确地发现自己的内心领域。

我现在想提出一个更重要的关于优质教学的主题,它能把我们直接引进谜一样的教师的自我之内:生成和探究我们教得最好时我们的独特身份认同所蕴含的隐喻和影像。

在教师工作坊中,根据这个团体的接受程度,我有时要求人们填空:"当我教得最好的时候,我就像_____。"我要求人们尽快完成,马上接受发自内心的影像,抵抗任何去审查或修改它的诱惑。

这个练习的目的是允许一个隐喻从无意识之中浮现出来,隐喻怎么笨拙或奇怪都无关紧要,而其中包含的洞察力是理性思考永远没法达成的。并不是所有的小组都有丰富的想象力,并能安心地去感觉及承受这样的风险。但是当人们愿意在同事面前自愚一下时,这个自我了解过程的回报可能会相当高。

我以探究自己隐喻的过程来举例说明风险和回报。大约在 20 多年前,我已经记不清当时的细节了:我的教学处于最佳水平时,我就像一头牧羊犬,不是那种细致的、毛发蓬松和可爱的类型,而是那种专门在野外赶羊的苏格兰柯利牧羊犬。

我曾经在苏格兰布满石块的田野中见过这样的牧羊犬工作,虽然那一刻教学与我的思想相隔很远,可是当时的影像在我脑海中留下了深深的烙印。但是当我要求工作坊中的教师寻找自己的隐喻时,我同时逐渐明白到我自己隐喻的意义,我也开始明白牧羊犬的影像如何为我作为一名教师的自身认同和自身完整提供了某些线索。

靠真正的专业知识摆脱思想束缚以后,在我的想象之中,牧羊犬有四项重要的功能。它维持一个使羊群能放牧和自己吃草的空间;它把羊群聚集在那个空间之中,不停地把走失的羊找回来;它保护空间的边界并把危险的掠夺者阻拦在外;当放牧的草原上的草吃光了,它和羊一起转移到另外一个可以得到它们需要的食物的空间。

我想,说到这儿一切都显而易见,虽然我开始探究这个影像时还不清楚。经过前几个章节的探索,我已经由粗糙地把自我比作牧羊犬,发展成一个更凝炼的教学影像:教学是创造一个实践真正共同体的空间。

我明白,我在教室中的任务就相当于所想象的牧羊犬的任务。学生一定要自己去喂饱自己——这被称为主动的学习。如果他们要这么做,我一定要把他们带到一个可以得到食物的地方:一本好的课本,一个预先计划好的练习,一个启发性的问题,一组纪律良好的对话。然后,当他们已经知道在那个地方能学到什么知识时,我一定要把他们转移到下一个放牧场。我一定要把这个群体聚集在某一个地方,对迷路或逃走的个人要给予特别的注意,在这个时候我还必须保护群体,使他们免受捕猎者带来的恐惧等。

是不是别人也应该这样去教呢? 我不知道。这种方式产生的隐喻来自我无意识的意向,因此,它以一种纯真而原始的方式引出我自己部分的自身认同和自身完整。在我曾主持的工作坊中,人们为自己提出许多成功的隐喻——教得好的状态就像一个瀑布、一名爬山向导、一名园丁或一个天气系统,可是没有一个是适合我的。优质教学不能够被贬低至技术层面:优质教学来自教师的自身认同和自身完整。

我们可以在隐喻的领域里向前再迈进两步,更深入地探究自身认同和自身完整。首先,我们能同时透过它看到自己的阴影部分,以及它所展现的优势。正如我们以前已经看到过的一样,自身认同和自身完整不总是光辉耀眼的事物。

我的隐喻显示的阴影部分似乎很清楚:我倾向把学生比作"羊群",这在字面上颇招人反感。有时我会因学生的盲从、粗心大意或垂头丧气而气得半死。如果我让这个阴影落在我与学生之间,我不可能教得好。如果这个牧羊犬隐喻只是让我对自己阴影的出现保持高度警觉而没有别的作用,那对我和学生都大有好处。

其次,在我们遇上教学困难时,我们能在别人帮助下利用这一隐喻找到指引方向。想一想我在第三章中提供的第二个个案研究,我那个在教室中与"三人帮"对峙的灾难性局面。我能扪心自问(尽量保持着心平气和),"在这种情况下,牧羊犬会做些什么?"——然后试着用尽可能贴近隐喻的方法去回答这个问题,这样就避免了在解决问题和技术上的生搬硬套。

　　当我检讨教学过程中令人不快的时刻时,一个源自我的心灵的影150像令我避免以贪小失大的方式寻找技术性的解决方案。想象中它使我回到自身认同和自身完整的内心景观,在那里我找到最深层的指引。

　　对我而言,这种指引是相当明确的。为了不让课堂涣散,牧羊犬早就会吠叫、警觉并对羊变得固执而干扰课堂的顽劣行为及时阻止。假若经过反复警告还有顽劣者不服管教,一意孤行,牧羊犬会情愿让其面对野狼带来的劫数,也不会牺牲整个羊群。

　　一只牧羊犬会"心慈手辣",而不是扮演"老好人"的角色,除非局面失控。我能将这些比喻的意义变成各种实际行动,从更直接面对学生的行为,到最终采用评等级的方式来修正学生的某些行为。但是我所需要的指引以及遵循这种指引所需要的精神力量,都蕴含在这隐喻本身的精神力量中。

对话的基本规则

　　新的对话主题能帮助引发一些关于优质教学的有效谈话,但还是远远不够的。与谈论一些离我们很远的技巧不同,这些主题很容易触及我们的敏感之处,因此需要有对话的基本规则来配合——这些规则帮助我们尊敬彼此的弱点,而且避免在开始之前使对话冷场。

　　在谈全新的基本规则前,我们应该先重温一下彼此对话的基准如何适用于任何一种文化。在我们的文化方面,这些基准包括待人有礼、绝不过问"别人的隐私",以及在没有确定证据前不妄下判断。在学术圈子中,这些传统的规则被另一组鼓励竞争的规则所取代:我们应该质疑对方的论据,对我们所听到的任何事情提出异议,以及随时准备好快速回应。

　　这样的组合显然是制造混乱。传统的"一团和气"准则,夹杂着竞争的专业基准,就产生一个令人觉得说和听都十分危险的社会精神特151

质。接着混乱不断增加,危险感也不断增加,因为还有传统和学术文化方面固有的第三组标准:我们活在世上就是给人忠告、解决问题和互相拯救,而且无论何时有这样的机会都别放过!

当有人打破第一和第二组基准后,并能举出一个实际问题(比如教学问题)时,这种"解决它"的反应就像条件反射一样自动地出现。某人违犯了要自我保护和互相竞争的双重基准后,正当处于最易受伤害的时刻,一下子会接到数不完的忠告。"我以前也曾面对那个问题,但我是这样解决它的",或"你应该去看看某某人的书。它告诉你究竟该如何处理那种情形"。

有时候别人给的忠告是有帮助的,可有时候它只不过令给你忠告的人感觉比别人优越。不论动机是什么,得出来的结果几乎总是相同的:"解决它"的反应令与别人分享问题的人觉得别人听不到和不理睬他的话。

如果我们想要支持彼此内心的生活,我们一定要记得一个简单的真理:人类的心灵不想要被别人"解决",它只是想要被人看到和被人听到。如果我们想要看见而且听到别人的心灵,我们一定要记得另一个事实:心灵就像野生动物那样,坚强、能迅速复原,可是又有点害羞。当我们冲进森林大声呼喊,叫它快出来好让我们帮助它时,心灵仍会藏在那里。但是如果我们安静地坐着去等候一会儿的话,心灵可能会现身。

我们需要设立一些基本规则,让我们安静地以接纳的心态面对别人的问题,去鼓励别人的心灵走出来,这种方式并不假设我们知道对于别人来说什么是对的,而是允许别人的心灵以它自己的水准和速度去自行发现自己的答案。

我有一些用一种模式去做这些事情的经验。它来自教友派共同体的一个分支,三个多世纪以来这个分支已经不需设立神职人员。为了要做大多数教堂中那些由受任命的宗教领袖所做的事情,比如帮助人处理他们生活中面对的问题,这些教友派信徒发明了为成员间彼此提供服务的社会结构。

他们所发明的每一条基本原则,都必须要尊敬教友派信徒信念中一对强大的、悖论式的信条：我们每一个人内心深处都有一位潜在的教师，而他就是真理的仲裁者，*同时*，我们每一个人只有在服务于共同体中的其他人时，才能听到内心教师的话语。因此，教友派信徒的社会结构能提供帮助一个人发现内在指导力量的共同体，同时设立基本原则，防止共同体以外在的议题和忠告入侵个人的内心。

我一直应用在教师身上的教友派信徒机制的名字叫做"明确委员会"。它听起来像一个 60 年代的名称，的确是 60 年代的名称——17 世纪的 60 年代。它是一个由来已久的过程，在严格保护心灵的神圣不可侵犯之际，它邀请人们帮助解决彼此的个人问题。

假如我正对教学中的某一个议题感到十分困惑，可能是因为设计下学期的课程，也可能是因为我对教室中闹事的学生感到愤怒。（前者是大多数教师都能一起探究的问题，因为只需要轻微的信赖；而后者只有对彼此已经建立真正信心的人才会冒着危险去探究。）

作为这个过程的焦点人物，我带着我的问题，邀请四五个同事加入"明确委员会"。我们相遇之前，我会先写下几个我面临的问题，让我的同事去看。我可以用任何一种形式来写，但最好能把它组织在三个标题之下：第一，一个陈述得十分清晰的问题；第二，描述相关的背景资料，例如我以前曾经遇到过的类似经验；第三，集中描述问题最核心的部分，阐明我对这个问题的观点是怎样的，例如，我曾遇上一个十分令人气馁的问题，足以令我想辞去我的工作。

人们常说把问题明确化的第一个步骤就是把它写在纸上。这么做强迫我们识别我们的感觉与事实，允许我们把没有价值的事情除去，并把问题从我们的脑子里拿出来，摆在光天化日之下，这时问题往往看起来已经跟与恐惧和怀疑反复纠缠在一起时大不一样了。

然后委员会不间断地讨论两三个小时。与焦点人物一起围成一个圆圈，委员会成员严守纪律，同时专心致志地面对一个人和他的问题。在这两三个小时内，焦点人物成为这个微观的真正共同体中的伟大事物，这是一个神圣和值得尊敬的主题。

集中精神是指让焦点人物和他的议题永远处于圆圈的中心，作为

153

一个委员会成员,是永远不会把自己放在那个位置上的。这意味着委员会成员不会在滑稽的事情发生时用哄堂大笑把注意力吸引到他们自己身上,也不会在别人感到痛苦时急于去安慰他,或者假惺惺地说"我完全明白你的感受"。集中精神意味着你完全忘记你自己,在这两小时里,你表现得就像把一切抛到脑后而只关心这个人。

会议一开始由焦点人物简短地重述议题。然后,委员会的成员一定要在非得遵从的基准指导下,开始他们的工作:*除了问一个诚实而开放的问题以外,成员禁止以任何其他方式与焦点人物对话*。发问的速度一定要慢——这是一个识别过程,而非论文答辩或盘问。焦点人物通常回答每个问题,但有权不回答,就进入下一个问题,再回答,再进入下一个问题,以此类推。由于允许在回应和下一个问题间有充足的沉默,小组使这个过程保持着尊严和友善。

问题的基本规则其实很简单,但是它背后的含意却很深远。这代表着没有忠告,没有过量的确认("我也遇到过那个问题,而我是这样解决的"),不会把问题转给其他人("你应该向甲说这件事情"),不用建议去看任何书,使用任何技术,练习任何冥想,去看任何治疗师。共同体的成员只会问焦点人物诚实而开放的问题,这些问题不是出于发问者本身的利益,而是全心全意去帮助焦点人物发现内在的智慧。

一个"明确委员会"召开之前,由于我有时会不经意地把实质的忠告隐藏在一个问题的背后,我们一定要提醒彼此什么是诚实而开放的问题。如果我问:"你有过想去看心理治疗师的念头吗?"就意味着依照我的意见,你应该去看心理治疗师。如果我问一个问题时会期待一个"标准"答案,我的问题不可能是诚实和开放的。但是如果我问:"这种事物曾经在你身上发生过吗?"如果发生过,"你有什么感觉?"我的问题可能是开放和诚实的。若问这一类的问题,我不会期望听到任何特定的答案或相信我知道什么是"正确"答案。

在两小时之内,问题和响应的循环能形成显著的累积效果。当焦点人物说他的事实时,存在于他和心灵教师间的层层隔膜就会慢慢地剥落,使他更清楚地听到来自心灵深处的指引。

随着过程的展开,我们明白一个简单的事实:因为我们不可能进入另一个人的心灵,我们就不可能知道另一个人的问题的答案。真的,我们甚至也可能不知道问题究竟是什么。当我是"明确委员会"的一员时,我时常提醒自己要注意这个问题。过程开头的 10 分钟,我觉得我肯定知道焦点人物的问题,知道应该如何去解决它。但是在细心聆听了两个小时后,我会被我较早时的傲慢态度吓坏。我明白我真的不了解情况——而且即使我了解,在这个人发自内心领悟他的问题之前,我对问题所持的抽象观念也是没有意义的。

身为许多"明确委员会"的成员,我有幸目击了一件了不起的事情:人类跟他们的心灵导师进行对话。目睹焦点人物的这个情景,我亲眼看到,只要有条件让我们去聆听、去交谈、去学习,我们每个人都有一位活生生的心灵教师。

"明确委员会"的成员从中学到些什么没有人提及,但很重要。当我们严格执行只提问这项原则时,我们打开内心的空间去接受另一个人;而当我们只关注如何去解决某人的问题或准备提出下一个意见时,这个空间就会关闭。成员们经常说,他们在一个委员会中发展出来的善于接纳的开放态度,在小组会议结束后带进了他们和配偶、孩子、朋友和学生的关系之中。

在那个空间里我们既接受别人也接受我们自己。当我们接近那些帮助焦点人物更深入到他(她)的真实内心中的问题时,我们发现我们自己也被引进自己的真实内心之中。在这个过程完结后,所有忠实地聆听别人的成员都牢记我们自己生活中重要的方方面面。

离委员会预定的结束时间还有 15 分钟时,有人会问焦点人物他是否想继续遵循只接受提问这项规则,抑或在接受更多的问题之余还乐意接受某种真实反映。

真实反映不是一个给予忠告的机会。它的意思是真实地反映焦点人物不经意地说过的事情,"当我们问你一个关于甲的问题,你却说了乙",或"当你说到丙时,你的声音低沉而且看起来很疲累,但是当你说到丁时,你精神抖擞而且眼睛也亮了"。

155

我们都有一种奇怪的自负：以为我们说了什么，就一定明白什么。但事实上并不总是这样。我们可能没有听到我们自己说，即使听到，可能仍然不知道说的是什么意思。真实反映给我们一个机会，让我们从自身的语言和非语言的线索中寻回关于我们自己解决困境的答案。

当"明确委员会"快要结束时，还要记住两件事。首先是这个过程的价值并不是取决于焦点人物的问题是否已被"解决"。真实的生活不是这样运作的。这是一个播种的过程——像在真实的教育中播种那样——无从确知播下的种子会在何时何地如何开花结果。

其次，在过程中进行的每件事情要遵守以下两项保密规则：第一项是传统的规则，即在小组中所说的一切都不可外泄到组外。第二项是不寻常的深层机密规则：当"明确委员会"开完会以后，成员不可以接近焦点人物提出意见或提议，因为这么做会违犯这个过程的精神。我们从一开始就明确这些规则，焦点人物对讲真话感到更安全——而且在委员会结束后很长一段时间内，我们所有其他人都牢记要尊重那人独善其身的精神需求。

每当我在教师工作坊中采用"明确委员会"制度时，即使是要解决一个像设计新课程这样常见的问题，许多参加者也宣称，他们从来都不相信他们能在这个层面上聆听同事以及他们自己的话。"彼此聆听"的能力是帮助我们建立交谈的共同体的关键，这种共同体能够帮助我们扩充深化作为优质教学之源的自身认同和自身完整。

当然，还有其他相对来讲不那么紧张、要求不那么高的途径去改变 156 对话的基本原则，而"明确委员会"并不是适合任何情形的首选方法！但是恰恰由于它本身的激情，这种模式能让我们更加注意到为什么需要改变常用的规则，可能会引起哪些改变，以及若我们故步自封的话，我们的共同体会白白失去哪些机遇。

需　要　领　导

当我们谈论领导时，一般会与机构来对照：以为**机构**需要领导，而**共同体**不需要。但这个论点完全可以颠倒过来：机构即使没有领导者也可只按行政规则办事而生存一阵子，但是**共同体**是动态的，每时每刻都需要领导。

共同体是不会从自然联系中浮现出来的，尤其不会从多数教师任职其中的那些复杂的、经常冲突的机构中产生。如果我们建立进行教与学对话的共同体——有意追求目标和实践基本原则的共同体——我们就需要能带领大家奔向那个愿景的领袖。

如果校长、院长、系主任和其他不在其位但有影响力的人不**期待**和没有意愿去**引导**形成共同体的话，关于优质教学的诚恳谈话是不太可能发生的。"期待"和"引导"这两个动词很重要，因为企图强迫人对话的领袖都会失败。对话一定是自由的选择——但是在被个人化的学院之中，只有当领导引导我们走出孤独、创造性地运用我们的自由时，对话才开始。

这种形式的领导可以有一个精确的定义：当人们想要做一件事但不能自己去实现时，它为人们提供理由和许可。我现在以一个学术界以外的事例说明我的意思。

我曾经在一个原本以白人为主、但正变成种族多元地区的市郊从事社区的组织工作。一些住了很久的白人居民抗拒这种变化，而且一些种族歧视的表征明显地出现了。我和我的同事连同其他更多受尊敬的社区领袖需要找个办法引领一个奔向种族多元愿景的社区，使居民对这愿景抱的希望大于受威胁感。

正如其他组织者一样，我所学会的领导风格以把人分成盟友和敌人为基础：找出你的盟友并与他们并肩作战，然后集全力把敌人边缘化并击败之。但是当我开始了解这个社区时，我发现了希望的曙光：并非所有白人居民都是敌人。

他们中许多人都曾经从多种族居民区逃离过,至少逃离过一次。厌倦了奔波后,他们明白已经再没有地方可逃了。他们正在找寻接受种族多元的途经,并在变迁的形势中找到最好的东西。真的,他们当中一些人对种族多元前景的看法要比所估计的积极得多。

无论他们在表面上多么抗拒——或带着守旧的观念——他们之中许多人仍然希望找到办法使他们的社区成功。他们会出于"开明的自我利益"相信种族多元的可行性。如果他们能培养这个信念并向积极的目标进发,他们就不再需要把自己弄得精疲力竭,去找寻孤立主义的海市蜃楼了。

作为组织者,我们并不需要基于恐惧的非敌即友的策略,因为那只是一个自我实现的预言。我们需要一个基于人类更深层的、不清晰的希望的策略,向他们提供理由和许可,让他们去做想做但是不知道该怎么做的事情。

在我们能提供的所有的理由和许可之中,最有效的方法之一是进行社区调查。我们知道,当人们遇见陌生人,而且了解到不但陌生人的头上没有长角,甚至还会送来礼物时,那些恐惧可能会慢慢消退。因此我们相信,如果原来的居民能去敲敲新居民家的大门,自我介绍一下,问候一声,寒暄几句,他们会减少对未来的忧虑。然而要求大多数人去这样做比要他们飞去月球还要难。

以收集关于社区的信息为名,我们从基督教堂和犹太教堂招募一些老居民,让他们拿着夹着硬纸的笔记板和调查表外出。他们的使命是敲开新居民的大门,自我介绍,问候一声,寒暄几句——这个过程全都透过一系列五点量表上的问题来完成!借着笔记板和调查表,引入研究人员的角色,给了他们去做世界上最常见的事——见他们的邻居——的理由和许可。

当民意调查员回来时,他们传递的信息具有自身的价值。但是他们把更有价值的事情也带回来了:与其他人建立面对面的联络,以及关于他们遇见的人的故事:"她有世界上最可爱的小孩","他们想要了解更多有关我们的教堂的事情","原来他也参加了棒球小联盟"。这些会面和故事为这个宗教性的社区注入了新的动力,他们筹募足够的钱成立一个基金会,所开展的计划为这个社区提供了团结在一起的新机会。

我的故事可能与教育没有什么直接的关系,但是它的重点是关于教育需要哪种类型的领导。如果领袖要形成关于优质教学的真诚对话,他们需要辨别出教师的自我表述和他们真正的需要之间的区别。然后领袖一定要提供理由和机会使他们真正的需要得以满足。

有些教师说起来似乎他们既不重视教学也不重视谈论教学。对他们而言最重要的事情是研究成果及其发表、专业公会中的事务,以及与专业领域中的学者对话。他们会说教学只是一个必须要有的杂务,它是为了追求学术所付出的代价,因此这些学者不太可能愿意在改进教学上花太多时间。

虽然有的教师这样说,但我并不相信它能代表全体教师的观点,正如我不相信我曾经工作过的那个社区中的人全都抗拒种族多元一样。我相信许多教师觉得教学工作很有意义,正因为这样,当教学工作进展不是很顺利时,他们采取保护性的自我疏远手段。

的确,许多教师在教室外的专业活动中投放很多时间。但是多数教师把生命的大部分时间花在教室之内,因此,他们出于启迪文明的自我满足感会把这个部分做好。他们其中一些人在有意义地与年轻人的生命连接起来的自我满足感的强烈吸引下,选择了成长而非停滞。

学院的领导的涵义是,看透我们戴的假面具并去感受真实的情况。这意味着,正如优秀教师在学生身上看到的事情远比学生看到自己身上的要多,领导在教师身上看到的事情远比教师看到自己身上的事情要多。它意味着为那些想丰富自己的教学经验却不知该如何做的教师提供了教学交流的机会和理由。

今天这些许可机会随处可见。在许多校园内,为了给教师一个谈论教学的理由,领导者在每年都会举行一个关于教与学的工作坊——这是一个好的开始,但是仍然不够。在愈来愈多的地方,领导者已经营造了教与学的中心,虽然目的与每年开设的工作坊都一样,但却能形成

159

更坚固的、不断累积的成效。只要在鼓励真正对话的基本原则下强调有意义的主题,这些机制都能发挥非常好的潜能。

我已经见过其他可能被许多校园所仿效的、不太相同的许可形式。一所学院已经设立了"教学顾问"这个职位。它由一位受尊敬的教师担任,而他在担任这个职位期间会减少课时。

这个职位的工作有两部分。第一是在同事需要在教学方面寻求帮助时能找到他们,可能会是完善一个课程大纲,处理一个眼下的危机,或想要一位教师听课并与他们一起反思他们的教学。第二是体会校园中所有跟教与学过程有关的事情,从非正式的课间休息到正式的工作坊,在这些场合里教师与其他教师和学生能一起讨论他们关注的事情。

机构在这个职位的投资相对不多,但是它的回报可能会非常高。当我带着一个关于我的教学的议题走进这位受尊敬的同事的办公室,他只需简单地说一句"咱们来谈一下吧",事实上等于已经许可我去做我应该做的事情。

另一所学院找出了一个办法,同事们既能够偶尔以观察者的身份进入彼此的教室之内,又可以不增加这些大忙人的负担。在上课的后半小时,一位我已经选择好的同事进入我的教室,然后我离开。这位已经和我谈论过我所关心和期待的事的同事会引导学生进行一次关于这节课上得怎样的公开访谈,在访谈中他不但问问题、得到答案,而且会仔细地探查详情、复杂性及细节。然后,我的同事会和我坐下,帮我分析学生的反应。

这种方式不但让同事悄悄进入彼此的教学之内,而且让他们有与学生对话的经验。此外,它比问卷更能反映学生生动而细致的意见,因为他们的真实感觉会被敏感的访问引导出来。最后,它需要学生彼此聆听,这是一个可能会影响他们行为的经验:坐在后排不能好好听课的学生,一定会听到前排同学说的有关人生变化经验的发言。

还有一所学院已经发现了一个让学生更深入地就优质教学进行真诚对话的方法。在这里,学生在课堂上被训练成参与观察者,并不拿学分;给予学分和成绩的是一门教育课程,学生在其中学习如何观察和评

160

估教室里发生的事情。

　　每隔一两个星期,学生和教授就坐在被观察的班级中。学生或从个人立场,或引小道消息,来谈论他们上这节课的感觉。学生能评论过程("你的眼睛只看过一小部分学生"),也可能论及实质的问题("你可能要再讲一次你今天教的内容,我觉得不是全体同学都学会了")。有些教授发现这些对话很有价值,他们甚至积极地寻求参予观察者的帮助:"你对于昨天班级上发生的冲突有什么看法?"或"我怎样才能在照顾到还不明白上节课的学生的前提下过渡到下一个课题? 有何建议吗?"

　　关于优质教学的真诚对话能改造教学的过程,它有很多形式,能影响很多人。但是只有领导者期待这种对话并发出邀请,而且提供舒适的空间,它才真的会发生。这么做的领导者明白,好的领导常常都与教学过程相关。好的领导从我们一直在探讨的教学本身的模式出发,以被称为教与学的伟大事物为中心,创造着围绕这一中心聚集在一起的真正共同体空间。

　　要成为一位打开空间而不是占据空间的领导者,需要经历与教师相同的探究内心的旅程。它是一次超越恐惧、进入真实自我的心灵旅程,一次迈向尊敬别人以及理解我们都是如何建立联系和变得机智灵活的旅程。随着这些内在品质的深化,领导者就更易于打开一个空间,在那里能让人们感到建立一个相互支持的共同体是受欢迎的。

　　由于很多事情都会令我们分离,所以在学术生涯中建立这样的共同体是不容易的。如果领导者把我们召回教与学过程的核心,鼓励我们共同工作,分享工作激情,才有可能建立这种共同体。如果我们能创造类似于同事间对话的共同体,这些共同体就不但可以支持对方发展与工作有关的技术,而且还能治愈许多教师最近承受着的由分离带来的痛苦。

　　在这一章开头引用的诗文是从《永恒的国王》中摘录出来的,当时亚瑟(Arthur)即将成为国王,身为他的良师,梅林(Merlyn)治疗他的悲哀和痛苦。它值得一读再读,因为所有了解教师生活的人都会熟悉它

所提及的病态,而它治疗这种病态的方法恰恰与教育的使命完全一致:

> "伤心最大的益处,"梅林回答说……"是从中学到一些东西。
>
> 这是绝对灵验的。你可能衰老到全身在颤抖,
>
> 你可能彻夜不眠,静听你紊乱失调的脉络……
>
> 你可能看到你周围的世界被邪恶的疯子踩躏得面目全非,
>
> 也可能得知你的荣耀被更卑劣污浊的小人践踏在阴沟里。
>
> 只有一样东西可对付它——学。
>
> 学习为何人世如此沧桑,学习什么令它变迁。
>
> 只有学习能令你的思维永不枯竭,
>
> 永不孤立,永不受折磨,永不恐惧或怀疑,
>
> 也永不会起后悔的念头。
>
> 学习这东西最适合你。"[2]

如果我们这些身为领导者和身为教师的人能用心去领悟这句忠告,所有与教育有关的人,不论是管理者、教师还是学生,都会有痊愈和新生的机会。学习,共同学习,这是最适合我们所有人的。

注释

[1]　T. H. White, *The Once and Future King* (New York：Ace Books, 1987), p. 183. Reprinted by permission of The Putnam Publishing Group. Copy-right ⓒ 1939, 1940 by T. H. White; renewed ⓒ 1958 by T. H. White Proprietor.

[2]　T. H. White, *The Once and Future King*, p. 183.

第七章　不再分离

——心怀希望教学

它循序渐进,一步一个脚印:

　　它始于你真心去做,

　　它始于别人说了"不成"而你再去做,

　　它始于你说"我们",

　　而你清楚"我们"是何人,

　　且你一心要天天壮大"我们"。①

　　　　　　　——皮尔斯(Piercy, M.)②,《待垦之路》[1]

停滞、绝望与希望

　　最后一章的重点将由教学实践转向教育改革的问题,即是否有可能将我们关于教与学领悟最深刻的见解体现在可给教育注入新的活力的社会变革运动中?

　　对我而言,这不仅仅是个理论问题,还是进退两难的个人选择。当

---

　　①　此诗为郝彩虹初译,杨秀玲博士润饰、审校。

　　②　译者注:美国诗人玛吉·皮尔斯(Marge Piercy),1936 年出生,女权主义者。

我游历全国和各地的教师们谈论教学实践时,我遇到很多人,他们关心教育,并对教育变革有激动人心的设想。但当我们再将话题深入下去的时候,谈话就常常变得令人沮丧了。

无论我们的谈话是多么充满希望,无论我们的同事中有多少人已经接受了新的愿景,也无论我们已经探索了多少种实践的可能性,总是有人会说:"这些都是激动人心的想法,但是单凭我那学校的条件,这些想法一个不剩都会泡汤。"

接着就是一连串影响教改的制度上的障碍:校长或院长的生意经比教育念得还精;课程负担如此之重,或班级如此之大,以至于难以保障教学质量;奖励体制虽然要求重视教学,却只提拔那些发表学术著作的教授;有限的资金从教学流向行政、研究或者校舍建设。

听着他们诉说这些阻力,我能感受到他们的绝望,并深受感染。我不得不扪心自问:这些悲观诉说是否确有其事?如果确实如此,那么良心要求我停止兜售更新教与学的不切实际的希望。

暂且认定制度是像悲观主义者所说的那样有强大的抵制力,那么随之而来的问题是"面对强大的制度性阻力时,是否曾经有过重大的社会变革?"答案似乎是显然的:只有面对和克服这类阻力,才会取得重大的社会变化。假如制度自身能不断演进,那就根本不会有要求改革的危机了。

与制度的阻力相抗衡的是社会改革运动,这也是本章的重点。在这里,我不打算将讨论极端化,陷入改革运动与组织相对立的思维陷阱中(从而流于另一种非此即彼的思维误区)。相反,我要大书特书二者既对立又统一的关系,肯定对任何一个健康社会都必不可少的"既……又……"的相互依存的共生关系。

组织和变革运动双方都扮演着创造性的角色,但其目的却大不相同。组织代表着秩序和维持的原则,是保存历代来之不易的财富的容器。变革运动代表的是流动与改变,是社会把其能量输送于更新和变迁的过程。一个健康的社会鼓励二者之间的互动。那些具有改革精神的组织领导人通常会欢迎变革的活力,虽然这会带来混乱。而变革运动的领导人也必须明白,他们需要有组织的结构来维护改革的成果。

但是,当组织的臆断搬用到要求变革的情感问题上时,由于组织被认为限制了社会变革,结果通常是失望。接下来的问题是:"如何重新安排或者重新定位那些包含在组织结构内部的力量,以实现我们渴望的目标?"当我们联系脉络背景时,这是一个好问题。但如果我们假定组织机构是游戏中惟一的主角的时候,这就是一个糟糕的问题。在这种情形下,少数个人所抱的脆弱且未经验证的改革幻想要与强大的盘根错节的力量构成的牢固模式相对抗,这种变革游戏注定会"出师未捷身先死"。

由于受组织的臆断所限,抱着变革憧憬的人们竭尽全力去说服当局用另一种方式看待事物。如果奏效,这倒是一个好策略。但往往事与愿违:当局不予支持,这些改革憧憬者们感到枉费心血,接着改革的能量耗尽,只剩下愤愤不平。当结果证明组织只想维持现状而不想改革时——这毕竟是人家的事——若改革者们把通过组织作为改革的惟一途径的话,那么他们很可能会放弃,并沉没在失望的深渊。

但是还有另外的途径——改革运动的方式。我对改革运动的理解始于这样一种观察和疑问:一些人在面对组织的阻力时放弃了努力,而另一些人却似乎在这种阻力中找到了积极投入运动的力量之源,为什么呢?

我开始觉得存在着一种"变革运动的精神力量",这种精神力量把阻力视为任何事物的始点而非终点。在这种精神力量中,尽管存在制度的阻力,变革不仅仍然会发生,而且阻力有助于变革发生。阻力本身就显示对某种新事物的需要。它鼓励人们去憧憬其他的可能性,并激励那些为之奋斗的人们的斗志。

假若当初让种族主义和性别歧视的组织制度限定交锋的战场和规则,那么无论是民权运动还是女权运动还没开始就夭折了。不过一些少数族裔和妇女却成功地对组织制度的抗拒施展了内心攻势,将其由社会的沮丧与挫败转换为个人的感召力与力量。在这两种变革运动中,倡导改革的人们就是利用组织的阻力,把这种阻力作为

165

"蹦床",借之跳出组织的约束。他们在组织结构的外部寻找到了制约的力量,然后通过多种途径巩固这些力量,最终能对这些组织架构本身施加强有力的影响。

社会运动的天才们是悖论式的:他们摈弃了组织的逻辑以便聚集能够改变组织逻辑所必需的动力。民权运动者和女权运动者都得把他们自身从种族主义和性别歧视组织中解放出来,以便产生力量。然后,有了这些力量,他们再回来改变种族歧视和性别歧视的状况和法律。

如果需要发起一场教育改革的运动,我们必须学会接受这种悖论。我们还必须了解运动的逻辑,了解运动是如何展开的,部分是为了了解我们在运动中所处的位置,部分是为了促使运动继续向前。在我所研究的变革运动当中——公民权利运动、女权运动、东欧以及南非和拉丁美洲的民主自由运动、男女同性恋运动——我发现运动有四个发展阶段。

跟任何类似的模式一样,所有这些阶段都只是理想的划分。它们并不像该模式所描述的那样有序展开:它们相互重叠,循环往复,可逆,有时则交替进行。尽管比较抽象,但是通过对这四个阶段的命名,我们可以从混乱的能量场之中提取出运动本质上的动态特点。

第一阶段:独立的个体作出发自内心的决定,决定过一种"**不再分离**"的生活,为自己在制度之外寻找生活的中心。

第二阶段:这些个体开始彼此发现对方,并形成"**志同道合的共同体**",以提供相互的、支持和发展共享愿景的机会。

第三阶段:这些社群开始**走向公众**,学会将他们个人的关注转化为公众问题,并且在此过程中接受充满活力的评论。

第四阶段:一个**选择性激励**系统开始出现,以支持变革的远见,并施加压力使奖赏激励系统的标准发生变化。

我想逐一验证这些阶段,但不是仅停留在对过去事情的追忆上。通过理解变革运动是如何运作的,会发现我们已经是教育改革运动的行动者。我们还会发现,如果一个人正处于探索内心世界的旅途之中,那么他就已站在获得真正的力量的入口——即个人在社会变革运动中显示出真正的力量,并推动我们的时代发生真正转变的入口。当我们认识到这些力量是伸手可及的,我们就更不容易屈从于组织制度的禁锢,更不轻易使自身沉溺于因改革无望而但求一团和气的状态之中。

不可分离的生活

变革运动的起点,尽管几乎是无声无息的,仍然可以被大致精细地描述出来。一些孤独个体受到需要变革的环境的困扰,决定"不再分离"地生活时,变革运动便发生了。人们站在选择的十字路口:要么一直让自我枯萎,要么坚持呼唤美好生活和优秀教学之来源的自身认同和自身完整,必须在两者之间进行选择。

我们中的很多人都有过感受分离生活的个人体验:在内心我们感到有件事非干不可,但外部的反应却截然不同。当然,这是人类的适应状况,我们的内部世界和外部世界永远不可能处于完美的和谐之中。但是极端的割裂就令人难以忍受了,当一个人不能将他的行动与内心生活和谐统一时,他就无法生存了。这样极端的分裂在一个人的内部产生,并跟重大的社会问题有关,而且一次又一次,一个接一个,一场变革运动就在孕育之中了。

为了不再分离地生活,必须克服条件限制,而条件又是有其特别因由的。我们居住于制度背景下,包括学校、工厂、市民社会等,因为它们庇护着我们重视的机会。但那些制度对我们的要求常常与我们的内心不符——比如,不分是非地对公司忠诚的要求,与我们讲真话的内心律令相冲突。如果恰到好处,这种张力可以是创造性的。但当我们的心灵完全变成组织的附庸时,当我们将组织的逻辑内在化并使之压倒性地占领了我们自身生活的逻辑时,那就变成了一种病态。

要不再分离地生活,就是为自己的生命寻找新的中心,一个游离于体制及其要求之外的中心。这并不意味着人脱离体制,人可以留在岗位上;但这的确意味着人的精神离开体制而独立。人必须找到一个能使其站立于制度之外的坚实基础,找到他自身存在的根基,依靠这个根基,他可以更好地抵制组织的价值变成他的内在生命景观时所发生的扭曲。

只要有足够的人用足够长的时间决定要过一种不分离生命的生活,最终就会产生社会和政治影响。但这不是为了达到某种政治目的的谋略,而是为了自身认同和自身完整的目的而经过深思熟虑的个人决定。决定过不再分离的生活不是一项借以攻击他人信仰的策略,而是为了催生一种最基本的需求,即一个人支配和引导自己生活的需求,应拥有的信仰。一场真正的变革运动的力量来源于承认和呼唤人的自身认同和自身完整——而不是指控他的对手们缺乏这些素质。

我把这个称为"罗莎·帕克斯(Rosa Parks)决定",因为她堪称"不可分离地生活"的活典范。确实,她是我们必须继续高举在前的偶像,至今她点起的革命之火还在燃烧。1955 年 12 月 1 日,在阿拉巴马州的蒙哥马利市,帕克斯决定过一种不再分离的生活,她决定不再像以前那样,以种族主义者给她定义的"不完整的人"的身份来生活。她决定按照来自她的人性的心灵的知识来生活。所以她做了一件简单的事情:在一辆实行种族隔离政策的公交车上,她坐到了为白人专设的前排座位上,并拒绝给白人让座。

帕克斯做出这个举动是有准备的。她此前研究过海兰德民族学校的非暴力斗争战略,并在全国有色人种权利促进协会(NAACP)蒙哥马利分会担任秘书。在她的壮举推动之下,金(King, M. L.)领导了一场公共交通联合抵制运动,最终导致联邦法院作出判决,宣判公交车种族隔离法违宪,由此进一步推动了公民权利运动。

但是当我们在事后自以为是地重新叙述这一伟大的历史性时刻的时候,我们竟忘却了那位关键时刻的孤独个体,忘却了她也许感受到焦虑或疑惑。当我们忘记这些时,我们也就忘记了自己真正的力量所在。

海兰德民族学校的创建者马勒斯·霍顿(Horton, M.)回忆他初次将帕克斯介绍给罗斯福夫人(Roosevelt, E.)[①]时的情景:

---

① 译者注:伊林娜·罗斯福(Eleanor Roosevelt),小罗斯福总统夫人。

夫人问道："帕克斯夫人，您曾经被称为共产主义者，对吗？"当
帕克斯回答是的时候，罗斯福夫人说："我想你还在海兰德学校的
时候，马勒斯就告诉过您，您会被称为共产主义者。"罗莎告诉她我
并没有这样提醒过她。罗斯福夫人还（为这事儿）批评了我。我
说："假若我知道她所要做的一切，我就提醒她了。但当她在海兰
德的时候，她说过不会去做任何事情。她说……白人不会让黑人
随心所欲、恣意妄为，黑人也不会团结一致，所以她想她不会有所
作为。我也找不到任何理由去警告一个不打算做任何事情的人，
即使她被称为共产主义者……如果我事先得知她会发起公民权利
运动，我会提醒她的。"然后罗莎说："他的确提醒我了，不过那是在
我被捕之后。"[2]

很显然，帕克斯克服了她自己内心的疑虑而决定行动。但是，她的
做法是否会得到回报，非暴力的策略是否会奏效，同事们是否会跟她同
舟共济，这一切她都不敢肯定。她更没想到她会引发一场全国性的运
动。实际上，其他的人也进行了类似的尝试，除了惩罚，他们一无所得。
假若她坐在那里计算创造历史的概率的话，她很可能早就坐回到公交
车的后座去了。她作出这样的决定扎根于我们惟一肯定的地方，那就
是：不管我们的内心感到多么动摇，我们内心深处渴望的自身完整要求
我们必须这样做。

为什么那天帕克斯会坚持坐在前座不动？她自己的话给出了最好
的答案："人们经常说我没有让座是因为疲惫，但这不是事实。我并没
有身体不适，我并不比平常下班时更累。我也没有老，虽然有些人把我
想得很老。我那年 42 岁。不，惟一的'疲惫'是，我对屈服感到了
厌倦。"[3]

帕克斯的这些话告诉我们她的行为是很简单的、非战略性的、很合
人情的行为。她就是厌倦了，从内心到灵魂，她都厌倦极了。不仅厌倦
种族主义，而且厌倦她自己因种族歧视影响所形成的复杂心情，厌倦她
一直屈从、让座给白人，厌倦她因妥协而加于自身的痛苦。

在以上分析的背后，隐藏的是常被忽略的有关变革运动的真理：决定过一种不再分离的生活，个体要比批判体制还更进一步，还要具有自我批判意识。我选择过"不分离的生活"，就是默认，即使我拒绝遵从制度的要求，制度也没有凌驾于我的力量。与我直接相关的问题不再是"那些人"或者"那个地方"。我最切身的问题是我，是我与制度之间那心照不宣的密约，那曾经允许制度主宰我生活的密约。

要选择不分离地生活，就要身体力行跳弹簧舞的原理："我们遇到敌人，敌人就是我们自己。"当我们决定不再作茧自缚的那一刻，我们从制度的压抑中解放出来，并获得对抗制度的力量。但在此，我必须审慎地指出变革运动和制度的关系。

我们把运动想成是可憎恶的、自以为是的、不断攻击邪恶的制度直到其崩溃为止。我们把运动——往往因厚此薄彼而招人反感——跟那些"不急不躁、稳稳妥妥、负责任"的、关心制度并从制度内部促成变化的过程相对照。然而这样描述很容易倒转。那些把他们自己限制在制度内部进行战斗的人，经常会被内部的敌人所困扰，被制度内的魔鬼所俘虏。人们之所以发起改革运动，不是因为他们憎恨制度，而是他们爱之太深，不忍看到它堕落。

这就是罗莎·帕克斯对美国民主制的看法，这个制度允许种族主义肆虐。民主不容蔑视，也不能被一种消灭种族的极权主义的狂想所取代。它必须被从堕落腐朽中拯救出来，召唤回它的至高目标。敌人不仅仅是"在外面"，而是首先"在这里"，在我们每个人对邪恶的妥协之中。因为认识到这一点，所以罗莎·帕克斯的行动不是出于恨而是出于爱，出于对潜藏于我们身上和我们周围的敌人的救赎。

所有这一切跟教育改革有什么关系呢？当我更清晰地理解了改革运动的特性之后，我认识到，我在这个国家所遇到的很多老师都让我想起罗莎·帕克斯：他们深爱教育，不忍使它堕落——不管他们认识到与否——通过决定过一种不再分离的生活，他们燃起了教育改革运动的星星之火。

这些老师记得当初选择做大学老师时的激情，他们不愿丧失职业的原动力。他们坚持密切关注学生的生活,不愿切断与年轻人的联系。他们懂得他们已经投入在教学中的自身认同和自身完整,即使其投入从制度中毫无所得,他们也要无怨无悔地一再投入。

这些老师们决定,教育的事业就是需要他们坐到公交车的前座去,即使制度要求他们回到后座去。他们不再抱怨造成教师地位低下状况的制度条件,也不再心照不宣地与其敷衍。相反,他们在很多行动上以投身于教学重任为荣。这些老师所做的,常常和在公交车上拒绝让座一样简单:在每天的教学中,以敬重他们内心最推崇的价值的方式教学,而不是以符合制度规范的方式教学。有的时候,他们则在更加公开的场合冒险,比如在制定教育政策的教师会议上提出新的可选择的教育愿景。

是什么驱使他们冒着风险作出决定要不再分离地生活呢?人们是怎样找到勇气把内心的信仰带入到与外界和谐的行动中的呢?他们知道一旦这样做,制度凌厉的惩罚可能就会从天而降,也许会失去面子、地位、安全、金钱和权力。走到公交车后排与决定坐在公交车前排的两个人的区别在人类心灵的奥秘中可能消失,但在帕克斯和像她一样的人们当中,我找到了回答这个问题的线索:当你意识到你不能再向那些损害你自身完整的某些东西妥协时,你对惩罚的理解就在突然间飞跃了。

当警察走到罗莎·帕克斯的身边,叫她离开座位,说否则便把她投入监狱的时候,她回答道:"请便吧。"[4]这是一个很礼貌的说法,其实是说:"多年以来,我把自己囚禁于对种族歧视制度的妥协之中,与之相比,你们的监禁又算得了什么?"

那选择不再分离生活的勇气,那凛然面对随之而来的惩罚的胆魄,都来自这样一个简单的信念:*外部加诸于你的惩罚绝不会比你加诸于自己、自我贬低的惩罚更糟*。认识到这一点,我们就能打开一扇原本就没有锁的小门,走进尊重心灵呼声的新天地。

173

志同道合的共同体

要不分离地生活的决定,尽管具有强烈的动机,但是在起初确实是很脆弱的。它需要不断地强化,因为作出这个决定的人很快就会感到不安,怀疑自己——这是很自然的,因为我们是在这样一种文化中生活,它告诉我们,过一种被分离的生活是正常的,而过一种不分离的生活则是愚蠢的,甚至是不负责任的。

过不分离的生活确实愚蠢,因为一旦你让外人洞悉你的内心,他们可能会排斥甚至伤害你,所以最好还是把你的感情隐藏起来。它又是不负责的,因为一旦你揭示了自己内心的真实世界,你就不能再不偏不倚地履行职责——比如用一种超然的、客观的立场来履行教学职责——所以,你最好还是安分守己,保守你的秘密。

在运动的第二阶段,选择了一种不分离的生活的人们仍然感觉缺少根基,他们形成志同道合的共同体,最初的目的仅仅是为了互相肯定。与其他同路人联合起来,有助于他们理解"正常"的行为可能是疯狂的,而追求自身完整才永远是正常的。

在由罗莎·帕克斯所引发的运动中,那些志同道合的共同体在黑人教堂中找到了他们的精神家园。在整个南方,教堂成为那些需要了解选择完整地生活并不孤独的人们的集会地。然而,教堂提供的不只是人们聚会的物质空间,还提供了能够使变革运动的宗旨得以发扬、持续下去的精神空间。

志同道合的共同体的第二个功能是:帮助人们发展能够代表变革运动愿景的语言,并赋予其力量,使它能够在杂乱无章的公共领域中生存、繁荣。当在刚刚解放他们灵魂的人们中开始演说时,这种语言是虚弱的——这是在追求现实的社会里谈论梦想的虚弱;是在追逐竞争的社会里谈论共同体的虚弱;是在崇尚谨慎行事的社会里谈论冒险的虚弱。那些使用这些心灵语言的人们,在向可能包括怀疑者和敌对者的大范围观众演说之前，需要有一个场所，来练习，来适应，先获得志同道合的人们的赞同。

当金带着他关于"梦想"、"山之巅"的这些影像走向广大民众时，他引用的是已经事先在变革运动的志同道合的共同体中反复流传并被广泛认可的一系列象征。这些影像并不是伟大的雄辩家金的独创，而是普通民众茶余饭后的谈资，通过在黑人教堂中的反复使用，它们获得了认可和力量。

那些教堂扮演了志同道合的共同体的第三个角色。教堂为那些正体验不分离的生活的人们提供了一个训练的场所。他们可以在那里学习一些把他们的价值带入到更广泛的世界中去的必要技巧和习惯，我曾有过这种亲身体验。当时我正造访佐治亚州乡下的一个团体，并被邀请参加一个小型的非裔美国人的祷告会。我赶上参加那个成年人的星期日学习班，屋子里面的其他三个人正在讨论圣经中的一个章节。让我惊奇的是，他们按照罗伯特等级规则（Robert's Rules of Order）来组织班级，每个人都充当一个角色：一人任主席，一人任秘书，一人做国会议员。

后来，我把我的疑惑告诉了带我来教堂的同伴，他自己是这个地区的居民，经常参加这种集会。为什么在只有三个人的情况下，他们还那么正规地遵守程序呢？难道简单地坐下交谈不是更有意义吗？

他解释说："你并没有理解你刚才看到的情形。教堂就是这样的一个地方，那些被剥夺了治理社会职责的人们，有机会学到一些治理的方法。一旦到他们获取了履行治理职责的权利时，就有能力进行治理。"

志同道合的共同体在教育改革中是至关重要的。但是由于学术生活的个人化，创建这样一个共同体非常困难。每当我去校园参观研讨两三天，总会想到这方面的问题。在研讨第一节的开场白一结束，总有人走上来向我倾诉："我非常同意你所说的关于教育的一切——但我是校园里惟一这么想的人。"在第二节研讨结束时，又有三四个人来找我，都是独个儿的，跟我分享同样的秘密。

在我离开之前，我一共遇到了 10 到 15 位对教育有同样看法的 174

人——他们每位都宣称他们在校园中是孤独的。不止一次,我介绍他们互相认识,希望能够为志同道合的共同体播下种子,使之生根发芽。当两三个这样的人走到一起,并且互相承诺时,一个共同体就出现了。我见到的这种情况在学术界中以女性为多,她们通常同时投身于两种运动,一种是为了更好地教学,另一种是为了提高妇女在学术界的地位。

但如果志同道合的共同体要发展到一定的规模的话,它们可能需要某些结构的支持。黑人教堂为人权运动提供了这种结构上的支持——因为这些黑人教会是拥有大批关怀人权运动支持者的、建立在一套提供表达自由解放学说体系基础上的、经常性的组织结构。那么,在学术界有没有为那些希望不再分离地生活的教师提供志同道合的共同体的庇护所呢?

如今已经没有像黑人教堂那样可以信赖的强大常务性组织,但这并不意味着游戏已经输了。尽管声势不大,但我知道现在至少存在两个教育机构,它们显示出了某些变革运动的潜力,而且已经服务于这样的目的。一个就是在大大小小的校园中逐渐增多的"教与学的中心"。这些中心的计划通常为那些希望或需要培训的教员提供技术上的培训。在此过程中——时不时地,有意无意地——这些中心为那些有诚信的教师提供一个结识、交谈的地方,并且寻求不断相互支持的途径。

第二个就是那些日益庞大的区域性和全国性协会,它们是按照深层改革的价值取向组织起来的。在高等教育这个领域,通识教育协会,美国高等教育协会,还有高等教育专业和组织发展网络,都是我所指的支持性机构。那些在自己的校园里感到孤立无援的教师可以来加入诸如此类的协会,参加诸如此类的活动。这样,等他们回到自己的校园时就不会再感到孤立无援,因为他们有了盟友,备受鼓舞,只是地方远点罢了。

其实,致力于改革运动的人们在远方的朋友通常比在本地多。在全国显得鼓舞人心的变革事项,在当地却变成威胁性的。但是当我遇到那些满怀愿景而在自己的校园感到孤独的教师,询问他们做了些什么来使他们的愿景为人所知时,答案通常是什么也没有做——这就是他们被孤立的原因。除非他们向天空发射闪光信号,否则其失落永远无人知晓。

只有一种办法可以找到近邻的朋友,这是一种可以播下志同道合的共同体的种子并使它成长的方法:一个人必须要让他不再分离地生活的决定被人们发现。这种近距离发现并不容易,因为它可能会带来指责。但是当我们以可见可行的方式表明我们的价值时,我们有时会对这种就近结盟的方式感到吃惊。

走 向 公 众

变革运动第二阶段的力量在于它把志同道合的人聚集成一个共同体,增强尚且脆弱的信念。但在两种情况下这个优势也会是劣势:一是我们只顾互相交谈,一是我们不面对更广大的听众。这样就不会有改革运动——我们更可能陷入错觉和迷误之中。

当一场变革运动走向公众时,它不但有机会用自己的价值观影响他者,同时它也面临挑战,被迫在其中检验和修正其价值。在作出要不分离地生活的决定时有如此大的"灵魂力量",当人们把这种"灵魂力量"聚集在一起时,这种力量就这样被大大地增强了。于是几乎必然会出现自以为是、自我陶醉的阴影。要最大限度地缩小阴影和最大限度地扩大光明,惟一的方法是使运动面对公众的批评——走向公众,以严肃、认真的态度接受公众的批评。

当我和别人一起探究这个运动的模式时,它经常因为价值中立受到批评。比如,这个模式既可以描述批评者不喜欢的保守运动,也可以描述批评者所赞赏的自由运动。更糟糕的是,任何以"不再分离"而始的运动很容易被法西斯运动所利用,在法西斯运动中,比如纳粹、三 K 党、亚利安国等——人们决定使行动和他们心中的魔鬼取得和谐。

对此我的第一个回应是,社会改革领域并不为知识分子所珍惜的

思想和行动的纯洁性提供安全的避风港，没人保证运动会向我们认为
值得敬重的目标进发，正如没人保证组织会追求这些目标一样。生活
的世界是凌乱的，它是痛苦的根源，也是创造的源泉，如果我们追求改
变，我们必须学会忍受凌乱。

　　我的第二个回应是，不管我们是否同意它的目标，我们必须在运动
和伪运动之间作出重要的区分。其区别关键在于变革运动甘愿进入第
三阶段走向公众。一场法西斯运动则拒绝走向公众——在这种拒绝当
中，它从一种运动堕落为角逐强权(coercive power)的演练。

　　而一场真正的变革运动的领导人非常乐意走向公众，和公众交换
意见，深明与公众的对话是形成威信的途径，在理解与说服之中树立权
威。但是在一场法西斯运动当中，领导人对接受公众曝光和批评毫无
兴趣。确实，法西斯主义依赖于封闭公共领域，这样法西斯主义的价值
才能不受挑战，反对他们的对抗性力量才不会产生。

　　在一个极权主义的社会中，公共领域通过几种主要力量被关闭：禁
止在公共场合集会、禁止自由结社、禁止出版自由、禁止政治性言论。
但即使在我们这样的社会中，在公共领域虽被削弱却仍然敞开的地方，
伪运动依旧可以找到逃避公众审查和责任的方法。比如我想到一些激
进的宗教派别及其秘密的候选人，这些候选人只是到了当选的那一刻
才向官方公布他们真实的信仰。即使公共领域是开放的，仍起码有一
阵子有可能逃避严格的公众审查。但是当一个组织这么做时，它就不
再是一场道德权威的运动，而是一种赤裸裸的权力操控。

　　当我们用走向公众的透镜来审视当前的教育改革时，我们看到一
场运动如此缓慢而有组织地发展，我们几乎觉察不到它的影响。虽然
教育改革运动还有待于实现它的主要目标，然而，它的一些概念和信条
如今已活跃在公共领域。

　　很多有关教育改革主题的书出版了，有的还成了畅销书；演讲者在
工作坊和集会中到处播下改革的种子；新的协会在国家和地区的集会
上推进改革事业，而那些在自己的校园里感到孤立的人就在这些学会
和协会中找到绿洲；历史悠久的全国性协会则以教改事业作为实现自

我更新的途径。

　　更重要的是,参与教育改革的公众超出了学术界的围墙。家长、雇主、立法者和专栏作家都呼吁更多地关注教学改革,坚持不懈的呼吁有时确实卓有成效。这里有一个相关的例子,来自会计学领域——这个领域通常不被认为是改革的温床。

　　很多会计系毕业生都希望在六大国际性大型公共会计公司找到自己的第一份工作。这些合伙企业每年雇佣一万名毕业生,每年捐赠两千万美元以上支持高等教育……

　　1989 年,这些顶尖的国际会计公司的行政总裁(CEO)们联合发布了一份文件,详尽说明了他们认为会计专业人士需要从教育者那里得到什么……该文件详述了他们想从所雇佣的毕业生身上看到的知识和技能(包括其所在组织的社会文化背景,解决问题的创造性思维,良好的沟通能力和工作的能力……“在一个团队中,与不同的人合作”,以及经受和解决冲突的能力)。

　　这份行政总裁文件指出……“通过执业会计师(CPA)①考试不是会计教育的目标。焦点应该是培养分析能力和概念思维——而非记忆急剧膨胀的专业标准。”……

　　这些公司在其白皮书中保证,用五年的时间投入四百万美元,来帮助促成他们希望看到的课程方面的变化……“附加的条件是,这些钱将被用于设计和使用创新的课程以及新的教学方法。”[5]

　　当教育改革的语言成为六大会计公司领导们的共同语言时,接下来他们会用相当多的推动力来督促商业学校改变,我们看到教育改革运动虽然悄无声息,不受瞩目,但的确留下了痕迹。

　　已经走向公众的教育改革运动的形势显示,与我提出的运动阶段模式相比,现实是多么的凌乱。比如,教育改革在一定程度上已经达到第三阶段,但与第二阶段的程度相比则显得不成比例:这说明,在公共 178

---

　　① 译者注:CPA (Certified Public Accountant),执业会计师。

领域里谈论的改革超出了人们从传统教育私人世界里的少量志同道合共同体中所预期的东西。

但两个阶段程度的不相符与其说是阶段模式失效,倒不如说显示了模式如何可能有价值,因为那些不合模式的偏差告诉我们有些东西还需要进一步解释。也许,第二和第三阶段的程度差异来自这样一个事实,即改革的动力较少来自传统学校的教师,更多的来自其他背景中的教师——特别是工商界从事教育工作的人,他们承担了美国至少一半的中学后教育。

很多大公司都拥有自己内部的"大学",来帮助他们的员工跟上社会、技术与市场的迅速变化。比如,六大会计公司中的每一个公司都"开设了自己的教育部门,为公司的技术员工们提供持续的、研究生水平的教育。每个公司每年的培训面授时间超过一百万小时是平常之事"。[6]同样不足为奇的是,这些非传统机构所采取的教育方法比绝大多数院校所采取的方法更具独创性。

倘若我们懂得驾驭之术,那么这些巨大的非传统教育的能量有助于推动教育改革的步伐。但是只有那些传统机构中的教育家们打破自身的禁闭状态,与外界的教育家进行普遍的交流时,这种情形才会发生。用皮尔斯的话来说,它始于"你说'我们',而你清楚'我们'是何人,且你一心要天天壮大'我们'"。[7]

几乎在我造访的每所校园,我都能发现一个问题,可以生动地说明突破的必要性。那些采用非传统教学方法的教师总是受到学生、家长以及一些同事的百般阻挠:"不要对学生采用这种过于情感化的方式,要教完全部领域,让学生记住所有事实,教他们如何竞争。否则,你会使他们在实际工作中处于劣势。"

讽刺是明显的:"现实"工作世界是很多教育实验和教育改革的源泉,准确地说,传统的"自上而下"的教学已经不能让学生很好地适应真实的世界。但是一些学生、家长和教师已经被落后的文化观念所束缚了,需要倾听新的情况。

当然,如果改革的信息仅仅来自从事教育的人,就不会令人信服,必须有来自工作世界本身的权威声音。但是很多教师——甚至很可能包括那些最富于革新精神的教师——都把来自工商界的人们看作是敌人，而不是盟友。我们很少请求或者信任他们来帮助我们发出这样的消息——如果学生想在现实中取得成功，教育改革势在必行。

如果我们这些从事教育的人想了解一场变革运动如何进行，并尝试换上改革运动的心态，我们就会很容易与那些在公共领域能够帮助改革运动向前发展的人们取得共识。他们中的一些人——我们的校友，以及大学董事会的成员——很容易联系上，而且也乐于跟我们联手合作。

当我们在雇主中寻求盟友的时候，我们会发现，并非我们所有的保留意见都是毫无根据的：在商业界，对教育改革敞开大门仅仅是服务于提高利润这一目的。尽管有些人理解、尊重人文学科所热衷的价值，但并非我们所有潜在的盟友都能理解这种价值，更不要说尊重它了。他们也不会都赞同本书的一个核心前提：好的教育不能简化为技术，因为在他们看来商业更倾心于技术而不是教育。

然而，在运动中从事共同的事业，并不要求合作者和我们有完全一致的看法。当我们联合起来的时候，我们会发现自身给人拖往危险的方向。但因为我们是连在一起的，我们也有机会使运动朝着我们的方向走。从事共同的事业开放了在原先陌生的领域进行教与学的可能性。

当一场运动走向公众的时候，参与者的自身认同和自身完整都在公共舞台上活跃的多元价值与愿景中接受考验。我们必须在这很容易迷失方向的复杂力量场中保持自己的完整性，同时我们也要敢于开放自己，面对各种冲突的影响，这样，改革运动和我们自身的完整性就会一起成长。

精 神 奖 励

第四阶段即最后阶段,展现出第一阶段孕育的运动能量的完满轨迹。在第一阶段,孤立的个体抛弃了组织的逻辑,决定过一种不再分离的生活,在第二阶段形成共同体,在第三阶段走向公众——如今又回到了原点,又反过来改变他们当初想跳离开的那个特有的组织逻辑。

之所以说"改变"组织的逻辑,而不是"改造"组织或者使组织"发生革命性剧变",是因为大多数运动的结果是温和的,很少能够一步登天。大多数的运动并不摧毁现存秩序,而是不断地对之进行修补调整。就像默顿所说的那样:"我们不必适应世界,我们可以让世界适应我们。"[8]运动更倾向于调整现实,而不是打造一个全新的世界。

说得更谦卑一点儿,这些温和的改变一旦制度化,就会倒退回旧体制,一个丑陋的陈旧世界。它们成为制度用于抵抗必将推进的下一次变革的形式。但它们毕竟是变化,如果变革运动有着合理的原则,所发生的改变起码会在一段时间内是合理的。

变革运动之所以有力量改变组织的逻辑是因为组织从根本上说是一套社会约束制度:做这个事情你会受到惩罚,做那个事情你会得到奖励。只要组织在一个给定的行为领域内——比如教与学的领域——掌握着这套奖惩机制,那么它就有力量影响每一个参与到这项运动中的人。

但是一旦这些人认为组织的惩罚是不适当的(这是第一阶段的关键),以及变革运动演化出了一套围绕人们所推崇的活动形成的另一奖惩系统(这是第四阶段的关键),那么组织的权力就会走向衰败。如果这样的情形发生了,组织就会清醒过来,并意识到需要改变,免得行动出轨,制度脱离人们的生活。

比如,当实际上所有的中学后教育都由传统的大学院校承担时,那些制度就不需要改了。每一个想成为学生和老师的人都被迫接受它们的规则。不过,既然一半或者更多的中学后教育是由商业界、工业界和军队来承担的,传统的高等学校就感到了压力,被迫开放自己,以求新生。

是什么样的另一奖励系统促使传统的学校组织改写它的逻辑呢?随着变革运动的展开,在每一个阶段,它都会提供无形而有力的精神奖励。在第一阶段,精神奖励是每个人都可以更好地认识自己的身份;在第二阶段,精神奖励是不断从志同道合的共同体的人们中获得联系和支持;在第三阶段,精神奖励是过一种更为广阔的公共生活;随着变革运动的不断发展,人们可以在为运动工作中找到为组织工作所无法获得的意义,可以从参加运动的朋友那里获得无法从组织同事那里得到的肯定,那些不再能够满足灵魂需要的职业被迫改变方向,朝着变革运动所感召的方向前进。

运动不但提供精神的回报,也提供物质上的回报。有些人,比如作为运动本身的组织者,在为运动服务的过程中获得一点收入。比如某个组织,为运动工作还能获得其他的经济回报:不少奉献于教育改革事业的学者就运动以及运动的目标出版了研究专著或者研究文章,从而在传统学校机构中获得提升或者终身职位。

最终,随着运动的不断展开,传统的机构就更可能创造更多的空间,为服务于运动的工作提供职位和报酬。40年前,那些公开为种族多元性而斗争的人们很难找到任何有报酬的工作。今天,很多机构给那些研究多元性的专家提供有偿职位,让他们为雇员之间的种族与性别平等而工作。40年前,女性和非裔美国人常常被认为不适合从事学术工作。今天,黑人和女权主义学者却常常因受欢迎而被大批招聘。

最终,在运动的最后阶段,提供的不同的奖赏都只是同一个实质性奖赏的反映——即来自不再分离的生活的精神奖赏。在第一阶段,人们认识到,任何人强加于他们头上的惩罚莫过于他们在自我泯灭的妥协中的自我惩罚。在第四阶段,人们认识到,任何人所能提供的奖赏都比不上他们自己按照自己的本真生活所获得的内在奖赏。当许多人都拥有这种理解时,组织就会被迫妥协,因为它不再掌控着禁锢人们心灵的枷锁。

也许,与组织给予其效忠者的加薪、升职和地位相比,变革运动所提供的替代性奖励似乎显得微不足道。的确如此,如某些怀疑者所言,即使自身完整也不能够赚来餐桌上的面包。但那些投入改革运动的人们都发现,赚够面包并不是他们生活的主旨,这不是因为他们已经有了足够的面包,而是因为他们有更基本的精神饥渴。他们明白人类并不只是靠面包活着。

与组织的禁锢和它所造成的绝望相比,运动的确提供了另外一种选择。是具有历史的沉淀和力量的另一种选择。在花了整整一章描绘变革运动的历程、研究它们对于教育改革的意义之后,我需要声明:即使愿景图在手,我们仍可能死抱着组织的途径不放,不只是因为对另一途径无知,而是因为一些更不幸的理由。

有时我们因坚持一定要组织提供改变的惟一途径而得到一种有悖常情的慰藉。当这条路如平常一样被堵死时,我们就怨天尤人,把所有责任推到外部力量之上,而从不追究自己的责任。我们中有些人情愿不抱希望也不想冒险过一种新的生活:假若我们相信新生活是可能的,天晓得我们会被号召做什么! 对于一个大学教师来说——特别是有时候,即使对于我们中间最理想主义的人来说——被这样一种"死亡欲求"所驱使,并非罕见的事。对选择改革运动抗拒最激烈的可能就是那些空想家,他们在一个阵线被击败,便再也无心去开辟另一条阵线了。

我是一个认真的教师。我不轻易卷入社会变革的混乱之中。我更愿意教书,而不是将精力花在运动上并承受随之而来的风头。然而,如果我关心教学,我必须不仅关心我的学生和我教的学科,也要关注教师工作的内部和外部环境。在教育改革运动中找到一个位置,就是实践更广泛的关怀的一个途径。

变革运动的这四个阶段会帮助我们找到这个空间。作为教师,有人会下决心不再分离地生活,把我们的行动与我们履行的工作意义相联系;有人会寻找那些志同道合者,加入那些支撑我们改革的共同体;有人会带着我们的信念走向公众,说出我们的想法并接受回应之挑战;

还有人可能认识到传统的奖赏黯然失色,因为我们感受到在至高光明的照耀下生活的深深满足。

当我们在变革运动中找到自己的位置时,我们会发现,在热爱教学和为改革教育的工作之间没有本质的冲突。一场真正的变革运动不是争夺权力的游戏,而是显然扩大了的教与学。现在,世界成了我们的教室,教与学的潜力无所不在。在这个世界中,我们只需要开放心灵成为真正的自己。

我们兜了一个圈,又回到了本书开始的地方:回到我们每个人内在的力量,跟我们自身之外的种种力量联合,义无反顾地一同去创造世界。诗人卢米(Rumi)说:"如果你身在曹营心在汉,就会带来致命的损害。"[9]

能证明这句诗的证据在我们周围俯拾皆是——尤其在教育领域。如果我们对心灵导师和真理的共同体不忠诚,那么我们就可悲地伤害了我们自己、我们的学生,以及我们的知识所崇信的那些世间伟大事物。

但是卢米肯定会同意,这句诗倒过来说也同样是对的:如果你与我们同在,忠诚于我们,你就带来了丰饶的祝福。这是给一代又一代的学生的祝福,他们的生活已经被那些具有教学勇气的教师所改变——这种教学勇气是从真我与世界的景观中最真实的地方开始的,是引导学生在自己的生活中去发现、去探索、去栖身于此的勇气。

注释

[1] Marge Piercy, "The Low Road," in *The Moon Is Always Female* (New York: Knopf, 1981), pp. 44—45. Copyright © 1980 by Marge Piercy. Reprinted by permission of Alfred A. Knopf Inc.

[2] Myles Horton, *The Long Haul* (New York: Doubleday, 1990), p. 190.

[3] Rosa Parks, *Rosa Parks: My Story* (New York: Dial Books, 1992), p. 116.

[4] Parks, *Rosa Parks*, p. 116.

[5] Jean C. Wyer, "Accounting Education: Change Where You Might Least Expect It," *Change*, Jan. -Feb. 1993, pp. 15—17.

[6] Wyer, "Accounting Education," p. 15.

[7] Piercy, *The Moon is Always Female*, pp. 44—45.

[8] Personal communication from Brother Patrick Hart, Thomas Merton's personal secretary.

[9] Rumi, "Say Yes Quickly," in *Open Secret: Versions of Rumi*, Coleman Brooks (trans.) (Brattleboro, Vt. : Threshold Books, 1984), p. 27.

作者简介

　　帕克·J·帕尔默是一位作家、教师、活动家。他独立地从事关于 191
教育、共同体、领导、精神和社会变革等方面问题的研究。他的工作囊
括了很多机构——高等院校、公立学校、社区组织、宗教机构、公司和基
金会。他是美国高等教育协会的资深会员,费兹尔研究所的高级顾问,
也是幼儿园到十二年级的教师养成计划的创立者。

　　帕尔默在国内和国外各地旅行,开设工作坊、演讲团、进修班。他
经常被人们誉为权威教师。《纽约时报》《高等教育报》《变革》杂志、
《基督的世纪》、CBS 电视新闻、美国之音等媒体都对他的工作给予报
道。丹弗斯基金会、礼来捐赠会、费兹尔研究所都对他的工作予以高度
认可并给予支持。1993 年,他因对高等教育的突出贡献而被独立学院
评议会授予国家奖。在 1997 年,四个教育领导委员会作了一项针对一
万一千名管理者和教职员的民意调查,称为"领导计划",帕尔默被誉为
国家"在高等教育领域最有影响力的领导者"之一。

　　他的著作已经为他赢得了四个名誉博士学位,美国教育出版委员
会给他颁发了突出成就奖,国家俱乐部精选的《公益和基督世纪》杂志 192
中,他的评论文选被翻译成多种语言。他出版的书包括 10 首诗,大约
80 篇文章和几本被广泛使用的书,包括《悖论的承诺》《外行公司》、
《以我们熟知的方式认知》和《积极的人生》。

　　帕尔默获得了卡勒通学院的哲学和社会学的文学士学位。在卡勒

通学院,他被选为优秀毕业生,并且被授予丹弗斯毕业生特别奖学金。在联邦神学院学习一年之后,他又在加州大学伯克利分校学习社会学。在那里,他以优异成绩获得了文学硕士和哲学博士学位。帕尔默现定居在威斯康星州的麦迪逊。

人名索引

A

阿克曼	Ackerman. Diane, 113,188
艾伦	Alan, 14—16
阿里	Ali. Muhammad, 117
阿伦特	Arendt. Hannah, 111,188
亚瑟	Arthur, 161

B

B·巴伯	Barber. Benjamin, 92,187
I·巴伯	Barbour. Ian, 97,187
贝拉	Bellah. Robert, 67,187
布莱克	Blake. William, 115,122
博姆	Bohm. David, 97
H·博尔	Bohr. Hans, 186
N·博尔	Bohr. Niels, 62—63,186—187
潘霍华	Bonhoeffer. Dietrich, 65,187
布贝尔	Buber. Martin, 16
比克纳	Buechner. Frederick, 30,186
布什	Bush, G. H. W, 53

C

加缪   Camus. Albert, 39,186

哥白尼   Copernicus, N. , 93

克里克   Crick. Francis, 108

D

戴维斯   Davies. Paul, 96

登比   Denby. David, 109,188

迪拉德   Dillard. Annie, 110,188

涂尔干   Durkheim, E. , 137

E

艾略特   Eliot, T. S. , 58,186

埃里克   Eric, 14—16

埃里克森   Erikson, E. 48—49,186

F

弗洛伊德   Freud, S. , 2,54

弗罗斯特   Frost. Robert, 105,120,187

G

伽利略   Galileo, G. , 93

甘地   Gandhi, M. K. , 16,185

基尔维克   Gelwick. Richard, 98—99,187

H

哈弗尔河   Havel. Václav, 20,185

黑格尔   Hegel, G. W. F. , 136, 137

马勒斯·霍顿   Horton. Myles, 168—169,189

K

卡普兰　　　　　Kaplan. Alice, 25—26, 185

凯勒　　　　　　Keller. Evelyn Fox, 55, 186, 187

金　　　　　　　King. Martin Luther, Jr. , 168, 173

L

林奈　　　　　　Linnaeus, C. , 102

M

马克思　　　　　Marx. Karl, 136, 137

梅林　　　　　　Merlyn, 161

麦克林托克　　　McClintock. Barbara, 54—55, 103, 106, 112

梅尔维尔　　　　Melville, H. , 109

默顿　　　　　　Merton. Thomas, 61, 180, 189

米尔斯　　　　　Mills, C. Wright, 26—27, 185

莫顿　　　　　　Morton. Nelle, 46, 186

N

牛顿　　　　　　Newton, I. , 97

O

奥利弗　　　　　Oliver. Mary, 89, 105, 187

奥图　　　　　　Otto. Rudolf, 111

P

罗莎·帕克斯　　Parks. Rosa, 168—169, 170, 171, 172, 189

皮尔逊　　　　　Pearson. Karl, 54, 186

皮尔斯　　　　　Piercy. Marge, 163, 178, 189

柏拉图　　　　　Plato, 92

波拉尼　　　　　Polanyi. Michael. , 98—99, 187

R

里尔克   Rilke. Rainer Maria
1,5,57—58,85—86,107,187,188
罗斯福   Roosevelt. Eleanor, 168—169
卢米   Rumi, 183

S

桑德拉   Sandra, 134
萨敦   Sarton, M., 9
舒马赫   Schumacher, E. F., 83—85,187
斯科特-马克斯韦尔   Scott-Maxwell. Florida, 29,87,186,187
沙比路   Shapiro. James, 112,188
苏格拉底   Socrates, 96
所罗门   Solomon, 2
斯塔福德   Stafford. William, 35,186
斯塔普   Stapp. Henry, 96—97

T

丁尼生   Tennyson, A., 95
汤普金斯   Tompkins. Jane, 28—29,186
托尔斯泰   Troeltsch, E., 137

W

华生   Watson. James, 108,188
韦伯   Weber, M., 137
怀特   White, T. H., 141,188
怀特海   Whitehead. Alfred North, 52,186

主题索引

A

负责任　　　　　　　　　　Accountability

　责任和共同体　　　　　　　and community, 93—94

（日本）合气道（自卫术）　　Aikido

　（日本）合气道（自卫术）中的柔眼　soft eyes in, 113

美国高等教育协会　　　　　American Association of Higher Education,

　　　　　　　　　　　　　　174

通识教育协会　　　　　　　Association for General and Liberal Studies,

　　　　　　　　　　　　　　174

协会　　　　　　　　　　　Associations

　协会和教育改革　　　　　　and education reform, 174, 177

专注　　　　　　　　　　　Attention

　集中精神，不分散精神　　　undivided, 153

权威　　　　　　　　　　　Authority

　有关权威的力量　　　　　　power of, 32—33

B

生物学　　　　　　　　　　Biology

　生物学中的共同体　　　　　community in, 95—96

"既此既彼"的思维方式　　　Both-and thinking

深刻真理   and profound truths, 63, 72—73

C

公民权利运动   Civil rights movement, 165—166, 168—174

明确委员会   Clearness committee

    进行教学对话的明确委员会   for conversation on teaching, 152—156

共同体, 群体, 社区   Community

    有关共同体的方方面面   aspects of, 89—161

    共同体的公民模式   civic model of, 91—93

    志同道合的共同体   of congruence, 172—175

    共同体和关键时刻   and critical moments, 146—147

    共同体(提供教学对话)的理由和机会   excuses and permissions in, 156—158

    共同体和伟大事物的魅力   and grace of great things, 106—110

    历史和思想共同体   of history and thought, 137—138

    共同体概念/形象/影像   images of, 89—94

    共同体和个体   and individuality, 65, 67—68, 76—77, 81—82, 152

    认知于共同体中   knowing in, 89—113

    共同体(需要)领导   leadership for, 156—161

    学习于共同体中   learning in, 126—128, 141—161

    共同体的市场模式   marketing model of, 93—94

    共同体的标准   norms of, 103—104

    共同体和现实   and reality, 94—99

    共同体和神圣   and sacredness, 110—113

    教学于共同体中   teaching in, 115—140

    共同体的治疗模式   therapeutic model of, 90—91

    真正的共同体   of truth, 90, 95, 97, 99—106, 115—116, 120—122, 126—128, 134—135, 138, 141

共同体的多变与障碍	varieties and obstacles for, 135—140
概念形成	Concept formation
概念形成和种族	and race, 129—131
保密,机密	Confidentiality
对话中的保密(原则)	in conversations, 155
联系	Connectedness
获得联系	achieving, 58—60
联系和学习	and learning, 127—128
联系和教学	and teaching, 11, 31
联系性认识方式	as way of knowing, 54—56
对话,切磋	Conversations
共事切磋,同行对话	of colleagues, 141—161
切磋对话用于评估	for evaluation, 143—144
切磋对话的基本规则	ground rules for, 150—156
切磋对话的语言	language for, 172—173
切磋对话的领导	leadership for, 156—161
切磋对话和教育个人化	and privatization of education, 141—144
切磋对话的主题	topics of, 145—150
公司	Corporations
公司和教育改革	and education reform, 177—179
手艺,技艺	Craftsmanship
教学技艺	in teaching, 14—16
捷克斯洛伐克	Czechoslovakia
捷克斯洛伐克的天鹅绒革命	Velvet Revolution in, 20

D

多元,多样性	Diversity
多元和恐惧	and fear, 38
戏剧	Drama
戏剧智慧,授课中的戏剧	intellectual, in lectures, 136—137

E

教育   Education

教育和公民模式的共同体   and civic community, 92—93

教育和分离的生活   and disconnected life, 35—60

教育领导   leadership in, 158—161

教育使命   mission of, 141, 161

教育的悖论   paradoxes of, 66

教育的个人化   privatization of, 141—144, 173—175

教育改革运动   reform movements for, 163—183

教育中(神圣)的尊敬   respect in, 111—112

以主体为中心的教育   subject-centered, 115—140

"非此即彼"的思维方式   Either-or thinking

"非此即彼"思维方式的问题   problems of, 62—63, 64

评价   Evaluation

用于评估的切磋对话   conversation for, 143—144

内部评价促进学习   for learning, 138

教学评价   of teaching, 142—143

F

恐惧   Fear

恐惧的学术文化   academic culture of, 35—60

剖析恐惧   anatomy of, 35—40

恐惧和客观主义   and objectivism, 50—56

恐惧的积极作用   positive role of, 39

沉默的恐惧   of silence, 77, 82

学生的恐惧   of students, 37, 40—47

教师内心的恐惧   in teacher's heart, 47—50

超越恐惧   transcending, 56—60

H

心灵   Heart

 心灵的概念   concept of, 11

 内心的恐惧   fear in, 47—50

 心怀希望   of hope, 163—183

 内心的身份认同和完整 identity and integrity for, 9—33

 心灵好像织布机   as loom, 11

 灵魂的失落   losing, 17—21

 心灵凝聚的悖论   paradoxes held together by, 83—87

 精神奖励   rewards of, 180—183

海兰德民族学校   Highlander Folk School, 168—169

全息   Holograms, 97,122

希望   Hope

 停滞、绝望与希望   gridlock and despair and, 163—167

 心怀希望   heart of, 163—183

I

自身认同和自身完整,身份认同和 Identity and integrity
完整,同一性和完整性

 自身认同和自身完整的方方面面 aspects of, 9—33

 自身认同与自身完整的概念 concepts of, 13—14

 自身认同和自身完整失落的恐惧 fear of losing, 38

 自身认同和自身完整的天赋才能 gifts of, 69—70,71—72

 自身认同和自身完整与伟大的事物 and great things, 109—110

 自身认同和自身完整与失去心灵 and losing heart, 17—21

 源自(心灵)导师的自身认同和自 from mentors, 21—25
  身完整

 自身认同和自身完整与隐喻 and metaphors, 149—150

 源自学科的身份认同和完整 from subjects, 25—29

自身认同和自身完整和教师的内   and teacher within, 29—33,154
　　心世界

自身认同和自身完整与超越技术   and teaching beyond technique, 9—13,
　　的教学   147

自身认同和自身完整与不分离的   and undivided lives, 168,179
　　生活

内心的对话   Inner dialogue
　　内心对话的价值   value of, 32,154

相互依赖   Interdependence
　　教师和学生的相互依赖   of students and teachers, 139—140

亲密(关系)   Intimacy
　　亲密(关系)和共同体   and community, 90—91

伊拉克   Iraq
　　伊拉克和海湾战争   and Gulf War, 53

K

认知,认识   Knowing
　　认知于共同体中   in community, 89—113
　　联系性认识方式   relational way of, 54—56
　　含糊不明的认知   tacit, 98—99

L

领导   Leadership
　　领导提供理由和许可   excuses and permissions from, 156—160
　　教学领导   as teaching, 160—161

学习   Learning
　　合作探究学习   by collective inquiry, 125—127
　　学习于共同体中   in community, 141—161
　　(内部)评价(促进)学习   evaluation for, 138
　　集中于学习   focus on, 6—7

学习中的悖论　　　　　　　　paradox in, 61—87

学习空间　　　　　　　　　　space for, 133

以主体为中心的学习　　　　　subject-centered, 118—120

授课　　　　　　　　　　　　Lectures

授课中富于智慧的戏剧　　　　intellectual drama in, 136—137

M

麦玛士特大学　　　　　　　　McMaster University

麦玛士特大学的医学教育　　　medical education at, 125—127

医学院　　　　　　　　　　　Medical school

医学院的微观教学　　　　　　teaching from microcosm in, 124—128

(心灵)导师　　　　　　　　　Mentors

源于(心灵)导师的自身认同和　integrity and identity from, 21—25,

　　自身完整　　　　　　　　　　125—127, 136—137

微观教学,微观世界　　　　　　Microcosm

医学院里的微观教学　　　　　in medical school, 124—128

社会研究中的微观教学　　　　in social research, 128—132

微观教学与学科空间　　　　　and space for subject, 120—124

从微观世界教学　　　　　　　teaching from, 120—132

真实反映　　　　　　　　　　Mirroring

对话中的真实反映　　　　　　in conversation, 155

(社会)变革运动,(社会)运动　Movements, social

变革运动和志同道合的共同体　and communities of congruence, 172—175

变革运动的发展阶段　　　　　developmental stages of, 166—183

变革运动中的阻力　　　　　　energy of resistance in, 165—166

法西斯运动　　　　　　　　　fascist, 175—176

组织和变革运动的悖论式关系　paradox of organizations and, 164—166,

　　　　　　　　　　　　　　　170

变革运动走向公众阶段　　　　public phase of, 175—179

变革运动的精神奖励　　　　　rewards in, 180—183

变革运动和不分离的生活　　　　and undivided life, 167—171

共同利益　　　　　　　　　　　Mutuality

共同利益和共同体　　　　　　　and community, 92—93

N

全国有色人种权利促进协会　　　National Association for the Advancement

　　　　　　　　　　　　　　　　of Colored People, 168

O

客观主义　　　　　　　　　　　Objectivism

　　客观主义和恐惧　　　　　　and fear, 50—56

　　客观主义的力量　　　　　　power of, 19

　　以教师为中心的客观主义　　teacher-centered, 119

　　客观主义和真理　　　　　　and truth, 99—101

组织,组织制度,体制　　　　　　Organizations

　　组织制度的改变逻辑　　　　altering logic of, 180—181

　　变革运动和组织的悖论式关系　paradox of movements and, 164—166,

　　　　　　　　　　　　　　　　170

　　对组织制度的精神背离　　　spiritual leave from, 167—168

P

悖论,矛盾统一　　　　　　　　Paradox

　　悖论的方方面面　　　　　　aspects of, 61—87

　　课堂教学中的实践悖论　　　classroom practices for, 78—83

　　共同体和个体的悖论式关系　of community and individuality, 65,

　　　　　　　　　　　　　　　　67—68,76—77,81—82,152

　　悖论的概念　　　　　　　　concepts of, 62—63,74

　　悖论和辨别　　　　　　　　and discrimination, 64—66

　　组织和变革运动的悖论式关系　of organizations and movements, 164—

　　　　　　　　　　　　　　　　166,170

悖论与教学设计   and pedagogical design, 73—83

悖论和自我   and selfhood, 66—73

分裂悖论   splitting, 65—66

悖论的张力,对立的张力   tension of, 83—87

悖论作为思维方式   as way of thinking, 61—64

激情   Passion

  以主体为中心的激情   subject-centered, 120

物理学   Physics

  物理学中的群体共享隐喻   communal metaphors in, 96—97

跳弹簧舞原理   Pogo principle, 170

高等教育中的专业和组织
发展网络   Professional and Organizational Development Network in Higher Education, 174

Q

教友派共同体,贵格派共同体   Quaker community, 151—152

问题   Questions

  诚实而开放的问题   honest and open, 153—154

  提问问题的技巧   skills of asking, 133—134

R

种族   Race

  种族和公民权利运动   and civil rights movement, 165—166, 168—174

  种族和概念形成方法   and concept formation, 129—131

现实   Reality

  现实和共同体   and community, 94—99

再构造,重构   Reframing

  教师的再构造角色   teacher role in, 135

相对主义   Relativism

  以学生为中心的相对主义   student-centered, 119

奖励,奖赏   Rewards

 可选择的奖励   alternative, 180—183

 不分离地生活的精神奖赏 of undivided life, 181—182

S

神圣   Sacredness

 神圣和共同体   and community, 110—113

 神圣的概念   concept of, 111

自我   Self

 分离的自我   divided, 86—87

 消灭自我   killing, 53—54

 自我的限制和潜能   limits and potentials of, 66—73

 不分离的自我   undivided, 15—16,20—21,167—171

沉默,死寂   Silence

 害怕死寂   fear of, 77,82

 允许沉默   permission for, 81

 沉默的空间   space for, 130

社会变革运动   Social movements, 172—175

社会研究   Social research

 社会研究的微观教学   teaching from microcosm in, 128—132

社会学想象理论   Sociological imagination, 26—28

空间   Space

 既开放又有限制的空间   as bounded and open, 74—75,78—89

 团体共享和支持独处的空间 community and solitude in, 76—77,
              81—82

 明确委员会营造的空间   from clearness committee, 154—155

 既令人愉快又有紧张气氛的空间 as hospitable and charged, 75,79,83

 空间的悖论   paradoxes of, 73—83

 既欢迎沉默也鼓励表达的空间 silence and speech in, 77,82

 开放空间的技巧   skill in opening, 132—135

空间中的大小故事   stories in, 76,80—81,83

空间中的个体声音   voices in, 75—76,79—80,83

精神传统   Spiritual traditions

  精神传统和恐惧   and fear, 57—59

  精神传统和组织化制度   and organizations, 167—168

学生   Students

  诊断学生   diagnosing, 41—42

  学生道德规范   ethic of, 126—127

  学生的恐惧   fears of, 37,40—47

  有问题背景的学生,来自地狱的
学生   from hell, 40—47

  学生的内心生活   inner lives of, 12—13,18—19

  教师与学生的相互依赖   interdependence of teachers with, 139—
140

  访问学生   interviews with, 159—160

  作为边缘人的学生   as marginalized, 44—46

主体,学科   Subject

  以主体为中心   centrality of, 105—106,115—140

  主体和伟大事物   and great things, 107

  源自学科的自身认同和自身完整   identity and integrity from, 25—29

  学科的内在逻辑   inner logic of, 123

  主体及其联系   and relationship, 102—103

  学科、空间和教师需求   and space and stuff demands, 120—122

  主体作为教育的超验中心   as transcendent center of education,
115—120

主观性   Subjectivity

  反对主观的偏见   bias against, 18—19

受难   Suffering

  受难的悖论   paradox of, 85—86

惊异,新奇   Surprise

对新奇的回应　　　　　　　　responses to, 112—113

T

教师　　　　　　　　　　　　Teachers

教师（敬重自己内心）推崇的价值　commitment of, 170—171,182—183

教师出于启迪文明的自我满足欲　enlightened self-interest of, 158—160

教师伦理,教师操守　　　　　ethic of, 121,123

教师的恐惧　　　　　　　　　fears of, 36—37,47—50

教师和生成产出力　　　　　　and generativity, 49—50

教师的心灵　　　　　　　　　heart of, 9—33

教师的内心自我　　　　　　　inner self for, 3—6,29—33

教师和学生的相互依赖　　　　interdependence of students with,

　　　　　　　　　　　　　　139—140

作为倾听者的教师　　　　　　as listeners, 46—47,135,155

教师和心灵失落　　　　　　　and losing heart, 17—21

给教师的许可　　　　　　　　permissions for,159—160

不愿承受风险的教师　　　　　risk-averse, 144

教师的自我　　　　　　　　　selfhood of, 1—3,7,10—11,13—14,

　　　　　　　　　　　　　　147—150

教师就像牧羊犬　　　　　　　as sheep dog, 148—150

教师和停滞　　　　　　　　　and stag nation, 48

具有不分离的自我的教师　　　with undivided self, 163—183

教师的脆弱　　　　　　　　　vulnerability of, 17—18,27—19,71

教学　　　　　　　　　　　　Teaching

教学方法　　　　　　　　　　approach to, 1—7

共同体中的教学　　　　　　　in community, 115—140

教学和联系　　　　　　　　　and connectedness, 11,31

教学顾问　　　　　　　　　　consultant on, 159

教学和共事切磋　　　　　　　and conversation of colleagues, 141—161

教学中的关键时刻　　　　　　critical moments in, 145—147

教学评价	evaluation of, 142—143
心怀希望教学	from heart of hope, 163—183
教学作为亲切款待	as hospitality, 50
（好的）教学源自自身认同和自身完整	identity and integrity for, 9—33
教学好像激光照耀	as laser beam, 123
教学和学习中心	and learning centers, 174
教学中的正面交锋	live encounters in, 37—39
医学院中的教学	in medical school, 124—128
教学的隐喻和影像	metaphors and images of, 147—150
从微观世界教学	from microcosm, 120—132
教学和开放空间	and open space, 132—135
教学悖论	paradox in, 61—87
社会研究教学	in social research, 128—132
以主体为中心的教学	subject-centered, 115—120
纠缠不清的教学	tangles of, 2
教学与技术	and technique, 5—6,9—13,24,32—33
全面优质管理	Total Quality Management, 93
真理,真正（的）	Truth
真正的共同体	community of, 90,95,97,99—106, 115—116, 120—122, 126—128, 134—135,138,141
真理的概念	concept of, 104
真理的模式	models of, 100—102
真理的非线性过程	as nonlinear, 134—135

V

越南	Vietnam
越南战争	war in, 53
职业	Vocation

职业愉悦 and gladness, 30

W

整体 Wholeness
潜藏的整体,整体和悖论 hidden, and paradox, 61—87
女权运动 Women's movement, 165—166

译者后记

本人一直对翻译心里发怵，担心把握不准作者的思想而对不起读者，怵于言不达意而表达不了原著的神韵，更担心专业术语的转码不到位，害怕陷入烦琐的人名、地名的查核……

偏偏 2002 年 3 月我在香港拜访我的好朋友、香港大学教育学院的过伟瑜博士时，刚刚从加拿大飞回香港的过博士，一见我就热情洋溢地向我介绍帕克·帕尔默教授的《教学勇气》，当时我们长谈数小时，涉及最多的是教师心灵研究话题，过博士在教师心灵研究方面的见解给我很大启发。此后，这本与教师交心的好书就萦绕在我心里挥之不去。当我如获至宝购得此书，并与著名翻译专家、我在澳门大学的同仁与好友杨秀玲博士分享此书时，杨博士当场一口气读完此书，赞不绝口，那心为书动的感人情景，至今仍然历历在目。

促使我决定把帕克·帕尔默教授的著作《教学勇气》翻译成中文献给我国广大教师的最根本原因，是我被本书通透教师心灵世界的深邃智慧和深刻启迪所震撼。作者提出**真正好的教学不能降低到技术层面，真正好的教学来自于教师的自身认同与自身完整**，这在我的内心引起了强烈共鸣：是啊，教育是最复杂的人的心灵与心灵之间的交流，如果教师专业交流仅仅停留在技术交流层面，仅仅是把自己精心准备的精彩一面作演示，仅仅是提倡以同仁灿烂的瞬间为榜样，甚至在制度上激励把丰富而复杂多变的心灵简化为教学的榜样行为作为教师专业交流的主要内容,那么,我们永远只是在培养"经师"而不是在培养"人师"!

确实,在我国,在提升教师教学方法与技术方面已经形成了一套激励制度,甚至初步沉淀成了一种教师专业交流文化。相对于缺乏教学交流的文化背景,这应该具有值得庆贺的一面。我国基础教育在学科学业成绩方面达到世界之最,这种激励机制与交流文化对其有不可否定的贡献。但是,任何欠缺"人师"养成根基的"经师"都是残缺不全的,极端地推崇"经师"而隐性地压抑"人师"的激励机制后面潜伏着一种深刻的危机:任何制度或文化,如果不提倡教师发挥他自身独特的优势,不鼓励教师以一种自身认同与自身完整的本真状态与学生的生命深层互动,永远只是在努力拔高向外在标准靠拢,那就很可能压抑教师独特的创造潜力,枯竭教师作为优秀教学之根本来源的心灵世界,相应地会导致学生更多地生吞活剥成套的知识概念,却欠缺了心灵的滋养和生命的启迪。

这种深刻危机警示我们,教育迫切需要找回教师的真心真我,学生迫切需要沐浴教师心灵之诚信与完整,教师更需要透过学生的生命强健而完满自我,重振敞开心灵的教学勇气,在教学的苦乐成败中吸纳成长的源泉,把教师的自我、所教学科和学生编织成复杂的联系网。《教学勇气》恰好是引领这神圣的心灵之旅,帮助教师们找回真心真我的心灵导师。

《教学勇气》给我们的另一深刻启迪是,当教师把自己自身独特的优势整合于教学中,在与自我、学生、学科的密切联系中彰显生命本质时,就能够发挥出惊人的教育力量,甚至发挥出改变现实教育制度的力量。制度是由每一个人构成的,当我们在功利竞争环境下被外部标准所驱策时,我们不能够静等制度的改变,而应该依靠教师从自己的心灵内部和同行之间的开放交流中吸纳优秀教学的根本源泉,在引导学生、家长发挥心灵力量的联系网络中来推动制度的变革。正所谓水能载舟,水能覆舟,任何疏离于教师心灵能量发挥的教育改革或课程改革都不可能成功,任何教育改革或课程改革要想成功,惟一的出路是创造条件让教师在联系性教学活动中彰显自身生命的本质。

我相信《教学勇气》中富于启迪的思想是促进我国教育改革扬长避短的一份精神厚礼,能够给我国教师专业成长提供丰富的思想源泉,正因如此,翻译本书的强烈愿望战胜了对翻译过程的畏难心理。而把翻译本书的愿望变成现实,则首先要感谢华东师范大学出版社对翻译出版此书的热情关心与支持,更要衷心感谢翻译专家杨秀玲博士欣然应允审校全书,整个审校过程中,都为把这"在枯竭的心灵中注入清泉"的好书献给中国的广大教师,而把她深厚的文学修养和卓越的翻译造诣献给了此书,尤其是以她典雅秀丽的文笔把作者关于教育共同体的深思卓见展现在读者面前。感谢我的博士导师吴式颖教授对翻译此书自始至终的关心鼓励和已故恩师赵祥麟先生严谨译著精神的时时鞭策。还要感谢北京师范大学博士生余巍先生,在百忙中欣然应允负责翻译第四、五、六章。我还要感谢北京大学的博士生卢立涛、硕士生沈文钦,我的硕士研究生徐晋华、王秀明、温亚梅、高春波、刘娜参与了初译工作,硕士生邓凡也对第三章前半部分的翻译提了很好的建议。

本译著翻译分工如下:全书正文由杨秀玲博士审校。导论由吴国珍翻译;第一章由吴国珍、徐晋华翻译;第二章前半部分由吴国珍、王秀明翻译,后半部分由吴国珍、温亚梅翻译;第三章前半部分由吴国珍翻译,后半部分由吴国珍、高春波翻译;第四、第五、第六章由余巍翻译;第七章前半部分由吴国珍、卢立涛翻译,后半部分由吴国珍、沈文钦翻译;《教学勇气——漫步教师心灵》所赢得的高度赞誉、鸣谢、作者简介等部分由吴国珍、刘娜翻译;中文版序由吴国珍、温亚梅翻译。主题索引由吴国珍翻译和整理,人名索引由吴国珍全书统一核对整理,每一章开篇诗文的译者见诗文脚注。此外,本著作的联系出版和组织翻译、全书的统稿、专业术语的组织讨论和推敲统一、目录和译文注释整理、后记的撰写,以及排版后的全书最后审阅修改等,都由吴国珍独立完成。

我极其珍惜在主译本著作的过程中与我的研究生们在专业思想学习、专业外语学习、翻译学习、治学态度和做人等多方面的坦诚交流。

在我与研究生合作翻译的所有部分，先由研究生初译并修改，然后我逐句仔细推敲修改好并在电脑中标示出来，再返回研究生细看被修改的部分，并鼓励针对我的修改再提意见，最后由我检核整理后送交审校专家。杨秀玲博士则把她所有的审校过程也保留下来了，甚至有些英文结构特地标示出来以便研究生学习翻译。这逐次推敲的每一过程将是永存我们心中的最珍贵纪念，而合作翻译过程中师生之间坦诚的学习和交流不正是对《教学勇气》一书之精髓的亲身体验吗？

由于本人水平有限，虽在有限的时间里全情投入，但整个翻译中仍然错误难免，诚请广大同仁批评指正。

北京师范大学教育学院　吴国珍
2005 年 1 月写于励耘 9 楼

图书在版编目（CIP）数据

教学勇气：漫步教师心灵/（美）帕尔默（Palmer, P. J.）著；
吴国珍等译. —上海：华东师范大学出版社，2013.6
（大夏书系·十年经典）
ISBN 978 - 7 - 5675 - 0818 - 7

Ⅰ. ①教… Ⅱ. ①帕… ②吴… Ⅲ. ①教师心理学—通俗读物
Ⅳ. ①G443-49

中国版本图书馆 CIP 数据核字（2013）第 131272 号

大夏书系·十年经典

教学勇气——漫步教师心灵

作　者	帕克·帕尔默（Parker J. Palmer）
译　者	吴国珍　余　巍等
审　校	杨秀玲
策划编辑	吴法源
审读编辑	任红瑚
封面设计	奇文云海
版式设计	蒋　克
责任印制	殷艳红

出版发行　华东师范大学出版社
社　址　上海市中山北路 3663 号　邮编 200062
网　址　www.ecnupress.com.cn
电　话　021 - 60821666　行政传真　021 - 62572105
客服电话　021 - 62865537
邮购电话　021 - 62869887　地址　上海市中山北路 3663 号华东师范大学校内先锋路口
网　店　http://hdsdcbs.tmall.com/

印 刷 者　北京密兴印刷有限公司
开　本　710×980　16 开
插　页　2
印　张　14.5
字　数　200 千字
版　次　2013 年 8 月第一版
印　次　2015 年 11 月第二次
书　号　ISBN 978 - 7 - 5675 - 0818 - 7/G·6558
定　价　39.00 元

出 版 人　朱杰人

（如发现本版图书有印订质量问题，请寄回本社市场部调换或电话 021 - 62865537 联系）